यथार्थ के स्वर

(काव्य संग्रह)

रचनाकार
ठाकुर प्रसाद द्विवेदी
Thakur Prasad Dwivedi

प्रकाशक
नोशन प्रेस मीडिया प्राइवेट लिमिटेड
चेन्नई

Publisher
Notion Press Media Private Limited
Chennai

यथार्थ के स्वर

(कविताओं का संकलन)

रचनाकार - ठाकुर प्रसाद द्विवेदी

असोथर फतेहपुर (उ.प्र.)

पिनकोड 212620

प्रथम संस्करण: सन 2026

Thakur Prasad Dwivedi

Asothar Fatehpur (U.P.)

Pincode -212620

संपर्क सूत्र

Mob- 9871362005

Email – thakurprasad.dwivedi@gmail.com

प्रकाशक -

नोशन प्रेस मीडिया प्राइवेट लिमिटेड

चेन्नई

Notion Press Media Private Limited

Chennai

समर्पण

अपनी इस कृतित्व-यात्रा, अक्षरों के इस अंतर्नाद और 'घनाक्षरी शतक' को—

मैं अपनी पूजनीया माता श्रीमती शिवरती देवी एवं परम पूज्य पिता श्री आशा दत्त द्विवेदी (दिवंगत आत्माओं) के पावन एवं स्मरणीय चरणों में कृतज्ञतापूर्वक सादर समर्पित करता हूँ। जिनके द्वारा प्रदत्त उच्च संस्कारों, नैतिक मूल्यों और अदृष्य शुभाशीष के फलस्वरूप ही मेरी लेखनी समाज के कड़वे सच को बिना किसी भय के, संपूर्ण निर्भीकता के साथ पन्नों पर उकेरने में समर्थ हो सकी। उन्हीं का वात्सल्य और स्नेह इस कृति की मूल ऊर्जा है।

इसके साथ ही, यह शब्द-अर्घ्य मैं अपने उन समस्त गुरुजनों के चरणों में भी विनीत भाव से अर्पित करता हूँ, जिन्होंने मुझे जीवन को तटस्थ भाव से देखने की दृष्टि और छंद-शिल्प को साधने की निरंतर प्रेरणा प्रदान की।

ठाकुर प्रसाद द्विवेदी

कृतज्ञता ज्ञापन

सृजन की यह यात्रा कभी एकाकी नहीं होती। 'यथार्थ के स्वर' को परिकल्पना से लेकर पुस्तक के इस मूर्त रूप में आने तक, मुझे जिन आत्मीय जनों और माध्यमों का संबल प्राप्त हुआ, उनके प्रति कृतज्ञता ज्ञापित करना मेरा परम कर्तव्य है।

मैं हृदय से आभारी हूँ उन सभी सहयात्रियों, आत्मीय मित्रों और शुभचिंतकों का, जिनके निरंतर प्रोत्साहन, स्नेह और रचनात्मक सुझावों ने मुझे अंतस के इन भावों को शब्दों में पिरोने की ऊर्जा दी। आपके निश्छल सहयोग के बिना इस काव्यात्मक यात्रा का यह स्वरूप ले पाना संभव न था।

इस कृति को डिजिटल और ऑनलाइन पब्लिशिंग के माध्यम से पाठकों तक इतनी सुगमता, सुंदरता और शुद्धता से पहुँचाने के लिए मैं नोशन प्रेस (Notion Press), चेन्नई की पूरी टीम के प्रति भी विशेष आभार व्यक्त करता हूँ, जिन्होंने इसके गरिमापूर्ण मुद्रण और प्रकाशन की प्रक्रिया को सहज बनाया।

अंत में, मैं उन सभी पाठकों के प्रति अग्रिम कृतज्ञता व्यक्त करता हूँ, जो इन स्वरों को अपने हृदय में स्थान देंगे।

ठाकुर प्रसाद द्विवेदी

भूमिका

मनुष्य की अंतस-चेतना जब युग की धड़कनों और समाज के अंतर्विरोधों से उद्वेलित होती है, तब छंदों का जन्म होता है। काव्य मूलतः रचनाकार की आत्मा का वह स्वर है जो अपने समय के सत्य को पूरी प्रखरता के साथ अंकित करता है। 'यथार्थ के स्वर' इसी आंतरिक उद्वेलन और सामाजिक सरोकारों की काव्यात्मक परिणति है। परिवेश में व्याप्त विसंगतियों, आस्था के क्षरण और मानवीय मूल्यों के भटकाव ने मेरे भीतर जिस व्याकुलता को जन्म दिया, यह संग्रह उसी को शब्द देने का एक विनम्र प्रयास है।

इस काव्य-संग्रह की वैचारिक यात्रा जीवन के विभिन्न पड़ावों, संघर्षों और सत्यों से होकर गुज़रती है। संग्रह का प्रारंभिक हिस्सा हमारी आस्था पर आघात करते आधुनिक परिवेश और बिखरते सांस्कृतिक मूल्यों की एक गंभीर पुकार है। वर्तमान समय में परंपराओं और सनातनी मर्यादाओं की उपेक्षा करके जिस आत्मघाती दौड़ को अपनाया जा रहा है, ये कविताएँ उस विस्मृति के प्रति सजग करती हैं और अपनी सांस्कृतिक जड़ों की ओर लौटने की महती आवश्यकता को रेखांकित करती हैं।

इसी क्रम में, यह सृजन समाज के उस अंधकारमय पक्ष को भी पूरी निर्भीकता से उजागर करता है जहाँ दुर्व्यसनों और व्यसनों के सम्मोहन ने हमारी युवा पीढ़ी की मेधा और ऊर्जा को जकड़ रखा है। विवेक के बुझते हुए दीपकों के बीच यह काव्य चेतना को जाग्रत करने का एक वैचारिक आह्वान है, ताकि समाज इस आसन्न विनाश के प्रति सचेत हो सके। इसके साथ ही, जीवन के नीति-अनीति के द्वंद्व, दहेज जैसी अमानवीय सामाजिक कुप्रथाओं और भौतिक लिप्सा की अंधी दौड़ को भी

इसमें पूरी प्रखरता से वाणी दी गई है। जब मानवीय संबंध और संस्कार केवल स्वार्थ की कसौटी पर कसे जाने लगें, तो समाज नैतिक रूप से मरणशील होने लगता है; इन छंदों में वही चिंता समाहित है।

आज के सूचना-क्रांति के युग की सबसे बड़ी विडंबना—विकृत संचार, भ्रामक प्रचार और मोबाइल का अतिशय सम्मोहन है। जब संवाद अपने मूल उद्देश्य से भटक जाता है और सत्य को मरोड़कर भटकाव पैदा करने का प्रयास किया जाता है, तब मनुष्य वैचारिक रूप से पंगु होने लगता है। संग्रह का एक महत्वपूर्ण भाग इसी भ्रामक आभासी संसार की विसंगतियों पर तीखा प्रहार करता है।

संसार के इस समस्त कोलाहल, अंतर्विरोधों और संघर्षों के दौर से गुज़रने के उपरांत, मानव चेतना स्वाभाविक रूप से एक शाश्वत शांति की अभिलाषी होती है। यह काव्य-यात्रा भी अंततः इसी परम विश्राम की ओर अग्रसर होती है। सांसारिक द्वंद्वों से मुक्त होकर आत्मा जब प्रभु-चरणों के निश्छल अनुराग, शरणागति और अंतस के मौन में डूबती है, वहीं उसे 'परम शांति और आत्मबोध' की प्राप्ति होती है।

'यथार्थ के स्वर' केवल कविताओं का संकलन नहीं, अपितु आहत आस्था से लेकर परम आनंद और शांति तक की एक मुकम्मल आंतरिक यात्रा है। यदि इन रचनाओं से गुज़रते हुए सुधी पाठकों के मन में समाज के प्रति संवेदनशीलता, अपनी समृद्ध संस्कृति के प्रति गौरव और ईश्वर के प्रति अनन्य अनुराग की एक भी तरंग जाग्रत होती है, तो मैं इस काव्यात्मक अनुष्ठान को पूर्णतः सार्थक मानूँगा।

ठाकुर प्रसाद द्विवेदी

स्वीकृति

घोषणा व सर्वाधिकार -

कृतज्ञता -

इस शब्द-साधना को पुस्तक का रूप देने की यात्रा में जिन भी प्रत्यक्ष और अप्रत्यक्ष सहयोगियों, मित्रों और शुभचिंतकों का संबल प्राप्त हुआ है, मैं उन सभी के प्रति अंतःकरण से कृतज्ञता ज्ञापित करता हूँ। विशेष रूप से, इस पांडुलिपि के संशोधन, टंकण (Typing) और डिजिटल स्वरूप को नोशन (Notion) के माध्यम से सुगठित और सुव्यवस्थित करने में जिन तकनीशियनों और सहयोगियों ने अपना अमूल्य समय दिया है, उनकी यह सेवा सादर स्वीकार्य और सराहनीय है।

ठाकुर प्रसाद द्विवेदी

अनुक्रमणिका

अनुक्रमणिका

॥ प्रवेश ॥

"प्रत्येक सृजन अपने कालखंड का जीवंत साक्षी होता है। इस संग्रह में समाहित स्वर अंतःकरण की प्रामाणिक अनुभूतियों और परिवेश के प्रत्यक्ष सत्य की निष्पक्ष परिणति हैं। यह एक रचनाकार के रूप में मेरी अपनी मौलिक वैचारिक यात्रा है, जहाँ सहृदय पाठकों के साथ आत्मीय संवाद का सहज आमंत्रण है। इन पृष्ठों में प्रवेश यथार्थ के एक नए धरातल का उद्घाटन करेगा।"

श्री गणेशय नमः

।। जय भरत जय भारती ।।

यथार्थ के स्वर

मंगलाचरण

(श्री गणेश एवं माँ शारदे का वंदन)

कुल छंद [4]

परिचय

भारतीय वांग्मय और सनातन मनीषा में किसी भी नूतन सृजन अथवा वैचारिक अनुष्ठान का शुभारंभ आदिदेव भगवान श्री गणेश और ज्ञान की अधिष्ठात्री देवी माँ सरस्वती के चरणों में वंदना से ही प्रशस्त होता है। यह वंदना उस परम चेतना और आदि-शक्ति के प्रति अंतस की सहज निष्ठा है, जो मनुष्य के भीतर विवेक, बुद्धि और ओज के रूप में पल्लवित होती है। जब एक रचनाकार अपने परिवेश के सत्य और समाज के यथार्थ को छंदों में ढालने का महती संकल्प लेता है, तब उसकी लेखनी को एक ऐसी आत्मिक दृष्टि और वैचारिक शुचिता की आवश्यकता होती है, जो विशुद्ध रूप से ईश्वरीय अनुकंपा से ही संभव है।

'यथार्थ के स्वर' की इस काव्यात्मक एवं वैचारिक यात्रा के प्रारंभ में, रचनाकार के रूप में मैं अपनी बुद्धि, अपनी लेखनी और अंतःकरण के समस्त भावों को विघ्नहर्ता भगवान लंबोदर और वीणावादिनी माता शारदे के पावन श्रीचरणों में अत्यंत श्रद्धापूर्वक निवेदित करता हूँ। बुद्धि के महासागर प्रभु श्री गणेश से यह करबद्ध विनय है कि वे इन छंदों को वह ओजस्विता और निर्विघ्न गहराई प्रदान करें, जो पाठकों के मानस पटल पर सत्य का आलोक बिखेर सके और हर वैचारिक जड़ता को दूर कर सके।

इसके साथ ही, विद्या की देवी माँ सरस्वती से यह करुण प्रार्थना है कि वे इस वाणी को वह शाश्वत पवित्रता और माधुर्य प्रदान करें, जो समाज की विसंगतियों पर प्रहार करते हुए भी लोक-मर्यादा की सीमाओं को अक्षुण्ण बनाए रखे। साहित्य का वास्तविक सौंदर्य बुद्धि और ज्ञान के इसी पावन समन्वय से जीवंत होता है, जिससे रचना कालजयी बनती है।

संसार के कोलाहल और भटकाव के मध्य, जहाँ यथार्थ की राहें प्रायः धुंधली होने लगती हैं, वहाँ इन दिव्य सत्ताओं का स्मरण ही कवि-कर्म को उसकी वास्तविक दिशा और गंतव्य तक पहुँचाता है। यह निवेदन मेरी उसी अंतःप्रेरणा का प्रतिफल है जो यह स्वीकार करती है कि शब्द मात्र माध्यम हैं, किंतु उन्हें अर्थ, सार्थकता और लोक-कल्याण की ऊर्जा देने वाली सत्ता केवल और केवल भगवान गजानन और माँ वीणापाणि की दिव्य अनुकंपा है। मैं तो मात्र एक निमित्त हूँ, जो उनकी कृपा की छांव में बैठकर युगीन यथार्थ को पन्नों पर अंकित करने का सात्विक प्रयास कर रहा हूँ। हे आदिपूज्य देव और हे कृपामयी माँ शारदे, इस सृजन-अर्चना को स्वीकार कर इन स्वरों को जन-जन के हृदय में स्थापित होने का आशीष प्रदान करें।

मंगलाचरण

(घनाक्षरी छंद)

1

गणेश वंदन

मंगल-प्रदाता-गणपति सिद्धि के सदन,
सबसे-प्रथम नाथ वंदना-तुम्हारी है।
कीजिए सफल कृति-काज गणराज आज,
आपकी-शरण देव अति-सुखकारी है।
करिए प्रदान शुद्ध-ज्ञान हे दयानिधान,
आप से विनय विघ्नेश ये हमारी है।
आपकी कृपा के बिना मिलती नहीं है सिद्धि,
कोई नहीं बन पाता ज्ञान-अधिकारी है।

2

रस-छंद-अलंकार से अनभिज्ञता

रूपक यमक अनुप्रास उपमा व श्लेष,
अतिशय-उक्ति के विधान की प्रधानता।
तामरस तोटक प्रभा सुवदना सवैया,
शशिकला मणिमाला आदि की महानता।
मदलेखा मधुमती गजगति माणवक,
रोला दोहा गीतिका भी नहीं पहचानता।
वाणिनी व मालिनी विशेष छंद-भेद शत,
इनको को तो रचना ही रंच नहीं जानता।

3

सरस्वती विनय

मति नहीं आयेगी सुगति नहीं आयेगी जी,
शांति नहीं आयेगी आनन्द नहीं आयेगा।
शारदे की शरण है सुख व सुमतिदाई,
उनकी कृपा के बिना छन्द नहीं आयेगा।
कितना भी कर लो प्रयास दिन-रात बंधु,
जीवन में शुद्ध-मकरंद नहीं आयेगा।
इनकी शरण एक बार आके देख लेना,
जीवन में कभी दुख-द्वंद नहीं आयेगा।

4
सरस्वती विनय

छंद-क्षमता प्रदान करो मातु कृपा कर,
दुख-द्वंद जीवन के घोर हरती रहो।
कुमति का कर दो विनाश देवि-दयामयि,
मति में सदैव शुद्ध-भाव भरती रहो।
भारत के प्रति रहे अम्बे दृढ़-अनुराग,
प्रगति का पथ भी प्रशस्त करती रहो।
चरणों में आपके झुकाते रहें शीश हम,
उर में हमारे सदा ही विचरती रहो।

॥ वैचारिक संकल्प ॥

"साहित्य जब अपने युग के कड़वे सच से आँखें चुराने लगे, तब समाज दिशाहीन हो जाता है। 'यथार्थ के स्वर' केवल शब्दों का संकलन नहीं, बल्कि हमारी सोई हुई सामाजिक और आध्यात्मिक चेतना को जगाने का एक विनम्र प्रयास है। यहाँ आस्था की पुकार भी है, विकृतियों पर प्रहार भी है, और अंततः उस परम सत्य की खोज भी है जहाँ पहुँचकर हर कोलाहल मौन हो जाता है।"

मंगलाचरण समाप्त

प्रथम पटल

(आहत आस्था और सांस्कृतिक क्षरण)

कुल छंद [35]

परिचय

काल-प्रवाह की गति जब तीव्र होती है, तब समाज की सनातन चेतना और उसके जीवन-मूल्यों में एक भारी उथल-पुथल मचती है। आज का युग संक्रमण के एक ऐसे ही दौर से गुजर रहा है, जहाँ भौतिकता की अंधी दौड़ ने मनुष्य को उसकी आध्यात्मिक जड़ों से दूर कर दिया है। यह प्रथम पटल—'आहत आस्था और सांस्कृतिक क्षरण'—इसी सामाजिक भटकाव, भीतर उठती आत्मिक पीड़ा और सांस्कृतिक अवसान की एक गंभीर काव्यात्मक गूँज है।

इस पटल में संकलित छंद कवि के अंतर्मन की वह गहरी व्याकुलता हैं, जो दिग्भ्रमित होते समाज को देखकर उपजी है। कवि यहाँ एक तटस्थ दृष्टा नहीं, अपितु सांस्कृतिक मूल्यों का एक सजग संवाहक बनकर सामने आता है। वह समाज की उन दुखती रगों पर उँगली रखता है, जहाँ से हमारी पुरातन मर्यादाएँ और संस्कार छिन्न-भिन्न हो रहे हैं। सदियों से जिस भारतीय मनीषा ने त्याग, तपस्या, शील और शुचिता को जीवन का परम ध्येय माना, आज वही समाज पाश्चात्य संस्कृति के अंधानुकरण में अपनी मूल पहचान को विस्मृत करता जा रहा है। हमारी निष्ठाओं पर निरंतर प्रहार हो रहे हैं, और त्रासदी यह है कि स्वयं जनमानस ही अपनी इस अमूल्य थाती के प्रति उदासीन बैठा है।

कवि ने अपनी लेखनी से उस सामूहिक कसक को शब्द दिए हैं, जो अपनी ही आँखों के सामने परंपराओं को दम तोड़ते देखकर पैदा होती है। देवगामी गंगा की जो पावन धारा कभी जन-जन के मन और प्राणों को पवित्र करती थी, वह आज

मानवीय स्वार्थों और आधुनिकता के प्रदूषण से त्रस्त है। ईश्वर के प्रति जो निश्छल अनुराग और सात्विक आराधना कभी जीवन का सहज अंग थी, वह अब मात्र प्रदर्शन और कुतर्कों की ओट में छिप गई है। राष्ट्र की नई पीढ़ी अपनी गौरवशाली विरासत और महापुरुषों के चरित्र से प्रेरणा लेने के बजाय, भ्रामक माध्यमों के मायाजाल में दिग्भ्रमित है। गुण और शील, जो कभी इस धरा के आभूषण थे, वे आज पूरी तरह नेपथ्य में चले गए हैं।

तथापि, कवि का यह स्वर केवल हताशा या विलाप का स्वर नहीं है। इन छंदों का मूल मंतव्य पतन की गाथा गाना नहीं, वरन उस राख के भीतर दबी चेतना की अग्नि को पुनः प्रज्वलित करना है। जब कवि 'भारत भारती' की वंदना करता है, जब वह लोक-कल्याण के पावन और मांगलिक गीतों के गान का आह्वान करता है, तब उसकी पंक्तियों में एक अगाध राष्ट्र-प्रेम और सनातन विश्वास प्रकट होता है। कवि की यह स्पष्ट आकांक्षा है कि बालक, वृद्ध और नारी—समाज के सभी अंग पारस्परिक विकारों का परित्याग कर, विद्या और विवेक से संपन्न होकर प्रगति के पथ पर कदम बढ़ाएँ।

सांस्कृतिक क्षरण के इन काव्यात्मक चित्रों के मध्य पाठक जहाँ एक ओर अपनी टूटती परंपराओं पर आत्ममंथन के लिए विवश होगा, वहीं दूसरी ओर राष्ट्र-गौरव की एक नई ऊर्जा से भी आपूरित होगा। कवि ने अत्यंत प्रौढ़ता और गंभीरता के साथ उन विसंगतियों को झकझोरा है, जो हमारी सामाजिक जड़ों को खोखला कर रही हैं। गंगा के दिव्य जलपान और साधना के महत्व का स्मरण दिलाता यह पटल, अंततः प्रत्येक मनुष्य को अपनी मूल सात्विक चेतना की ओर लौटने का मार्ग प्रशस्त करता है। यह एक जीवंत आह्वान है—अपनी सुप्त सांस्कृतिक अस्मिता को पुनः जागृत करने का, ताकि भारत भूमि का हर नागरिक गुणों में प्रधान बनकर लोक-मंगल का नया इतिहास रच सके।

प्रथम पटल

(घनाक्षरी छंद)

1

योग और यज्ञ

जग की जटिलता को जानते हैं जोगी-जन,
जागो जुड़ो जोगियों से जोग व जतन से।
जगजननी की जय-जय-जयकार करो,
जपो जगदीश्वर को मन व वचन से।
जान्हवी का जलपान जनम-जनम करो,
जज्ञ-ज्योति को जलाओ जगती में मन से।
जीवनको जुद्ध-ज्वाल-जाल से जलाओ जनि,
जुग-जुग जियो जयी-जीवन यजन से।

2
विधि का विधान

पवन के वेग को पकड़ ले सुगमता से,
रवि की परिधि पै सफलता से चढ़ ले।
यम को भी जीत ले सहज शक्ति-शूरता से,
भले ही गगन भेद-डालने को बढ़ ले।
कर ले करोड़ों यज्ञ विज्ञ-मुनियों के संग,
भले मंत्र-शक्तिमान कितने भी गढ़ ले।
विधि के विधान को न जान पाया कोई ज्ञान,
कितना ही कोई विज्ञ ज्योतिष को पढ़ लें।

3
धन्य धरा-धाम

धन्य है वो धरा-धाम धर्मध्वजी हों जहाँ,
ध्यानियों की धूमधाम ध्यान का धमाल हो।
ध्रुवनंदा की धवल-धार धरती को धरे,
धन-धान्य धेनु ध्येय ध्वज में विशाल हो।
धनुधारी धर्मेश धीर धनी धैर्यवान,
धी धुरीण धन्वी धनंजय भू-पाल हो।
धूर्जटी ध्यान के धुरंधर की धारणा से,
धूर्त-धूमकेतुओं का ध्वंस तत्काल हो।

4
परम परमार्थ

परम-प्रगति का पुनीत पथ पाना है तो,
परित्याग प्रथम पिशुनता का कीजिये।
प्रभु-पद-पंकजों की प्रीति को प्रगाढ़ कर,
परमात्मा-प्रतीति का पीयूष पीजिये।
पढ़िये प्रसंग परमार्थ के प्रसन्नचित,
प्राणियों में प्रेम का पवित्र-प्रण लीजिये।
प्रतिदिन पूजिये प्रमुखता से पितुपाद,
प्रथम-प्रहर पाठ-पावन में दीजिये।

5
योग का महत्व

योग के प्रयोग से मिटाइये कुरोग-सर्व,
भोग-तज जीवन को अमर बनाइये।
सुखद-सुयोग का करो उचित-उपयोग,
जीवन को कभी मत समर बनाइये।
साधनासे स्वयम् को साधिये समझकर,
भव से भ्रमित हो न भ्रमर बनाइये।
फिर दोहरा रहा हूँ ऊपर की कही बात,
भोग तज जीवन को अमर बनाइये।

6

व्यासपीठ की व्यथा

बढ़ता ही जा रहा है व्यासपीठ का विवाद,
ज्ञानियों के मत में भी नहीं है समानता।
अपने को कुछ मानते हैं प्रज्ञावान किन्तु,
दूसरे को कहते हैं कुछ नहीं जानता।
आपस मे ऐसी चल रही खींचा-तानी खूब,
व्यास को ही व्यास अब नहीं पहचानता।
देने में कुशल है जो दूसरों को उपदेश,
वेद व पुराण की तो वो भी नहीं मानता।

7

उदास हुई व्यासपीठ

व्यासपीठ पर ढीठ विविध रहे विराज,
कोरे-कथा-वाचकों की अब भरमार है।
छींटाकसी चुटकुलों की है बरसात घोर,
किन्तु कथा का तो कोई रहा नहीं सार है।
गुरुमंत्र देने में भी चूकते नहीं है कुछ,
हुआ ऐसे कालनेमियों का अवतार है।
जप-तप-साधना व संयम से हैं विहीन,
पर व्यास बनने का पूरा अधिकार है।

8
व्यथित व्यासपीठ

स्वयं समझ नहीं पाये कुछ आज-तक,
पर ढीठता से दूसरों को समझाते हैं।
गीता पर देते उपदेश दिन-रात किंतु,
निज-आचरण में तो कुछ नहीं लाते हैं।
कुछ तो सुनाते नहीं कभी कथा के प्रसंग,
इधर-उधर वाले गीत खूब गाते हैं।
शम-दम-तप-त्याग-साधना किये बगैर,
व्यासपीठ पर अधिकार भी जताते हैं।

9
पीड़ित व्यासपीठ

कलियुग में कथा को कह रहे कालनेमि,
काकजीभुसुण्डि अब चुपचाप हो गये।
मसखरे करने लगे हैं मसखरी खूब,
व्यासपीठ पर ऐसे उत्पात हो गये।
जीवन में जिनके नहीं है जप-तप-त्याग,
वो भी बड़े-व्यास अपने ही आप हो गये।
गुणी-ज्ञानियों को अब भूलने लगे हैं लोग,
पूजनीय-पद में सड़कछाप हो गये।

10

व्यासहपीठ की वेदना

व्यासपीठ पर भाँड़-पंथी का हुआ प्रवेश,
अश्लील-गीत गाने-वाले अब आ रहे।
भाँड के समान भाव-भंगिमा की भरमार,
करने को कैसे-कैसे मंच पर छा रहे।
हंस हो गये हैं कम कौवों की हुई है वृद्धि,
जैसा-चाहा वैसा मनमाना ये सुना रहे।
सिसक-सिसक रो रही है व्यासपीठ अब,
कैसा-कैसा घनघोर-अत्याचार ढा रहे।

11

व्यासपीठ की पीड़ा

विप्र को भिखारी कहने लगे हैं कुछ लोग,
व्यासपीठ बैठ काँव-काँव करने लगे।
पुजवाने लगे पैर अपने सभी से नित,
गुरू होने का विशेष-दम भरने लगे।
कुछ अपने को बोलने लगे हैं भगवान,
सेवकों का धन-धरा-धाम हरने लगे।
बढ़ने लगे हैं कलियुगी कालनेमि घोर,
गली-गली गाँव-गाँव वो विचरने लगे।

12
विलखती व्यासपीठ

गुणीं-ज्ञानियों की हम करते नहीं हैं खोज,
सर्वस्व हमें अपना ही खोना आया है।
पावन-पुनीत-गंगाजी को हम गये भूल,
बस गंदे-नाले में ही मुँह धोना आया है।
हम सोते रह गये जागे नहीं अभी-तक,
पता नहीं हमें अब क्या-क्या होना आया है।
परम-पवित्र-व्यासपीठ की दशा को देख,
सूत, शुकदेव, व्यास को भी रोना आया है।

13
विकल व्यास पीठ

व्यासपीठ की व्यथा तो लिखनी पड़ेगी मुझे,
हो सके तो कविधर्म आप भी निभाइये।
विषम-विडम्बना पै बोलिये महानुभाव,
कृपाकर इस पर लेखनी चलाइये।
व्यथित वो आपकी ही ओर है रही निहार,
द्रौपदी की भाँति, आप कृष्ण बन जाइये।
शारदे-सुपुत्रों तुम्हें शारदे की है सपथ,
सबसे प्रथम व्यासपीठ को बचाइये।

14
हमारी हिन्दी

होके परेशान भटकोगे हर द्वार-द्वार,
व्यर्थ के विलाप से सभी का सिर खाओगे।
कोई नहीं पूँछेगा कहीं भी कौड़ियों के भाव,
जहाँ से चले हो वहीं लौट फिर आओगे।
सीखो करना हर-एक-भाषा का सदैव मान,
नहीं तो सुयश से कभी न घिर पाओगे।
हिन्दी के विरुद्ध कभी छेड़ मत देना युद्ध,
दृष्टियों में अन्यथा सभी के गिर जाओगे।

15
भाषा पर विवाद उचित नहीं

भाषा पे विवाद बुद्धिमत्ता का नहीं प्रतीक,
उल्टे पतन का ये कारण-प्रधान है।
हिन्दी के विरोध करने का जो करेगा काज,
वह कभी-नहीं बन सकता महान है।
हिन्दी गुजराती पंजाबी उड़िया तमिल,
तेलुगू व कन्नड़ तो भारत की शान है।
उर्दू बंगाली मलयालम मराठी आदि,
इन्हीं से तो हिन्द की हमारे पहचान है।

16
हर भाषा महत्वपूर्ण है

अपनी गिराओ मत साख जनता के बीच,
वंश की बनी को बदनाम मत कीजिये।
कायरों सी करनी का करके प्रयोग घोर,
प्रगति स्वयं की विराम मत कीजिये।
धूल चटवाने में कभी भी न करेगी देर,
जनता को इतना भी बाम मत कीजिये।
करना विरोध किसी भाषा का नहीं उचित,
ऐसा कर मूढ़ता का काम मत कीजिये।

17
पावन प्रणय प्रसंग

राधा-रुक्मिणी संग मोहन को करो याद,
भूलिये न पावन-प्रसंग सीता-राम के।
मनु-सतरूपा के चरित्र-शुचि-प्रेमयुक्त,
शैलजा-महेश-आशुतोष निष्काम के।
नल-दमयंती उर्वशी-पुरुरवा और,
सत्यवती-शांतनु प्रसिद्ध छविधाम के।
भरत के माता-पिता शकुन्तला-दुष्यन्त,
सत्यवान व सती-सावित्रीजी ललाम के।

18

संस्कृति पर संग्राम

जब-जब उठी कभी संस्कार-वाली-बात,
उसके विरुद्ध कुछ-मूढ़ चौकने लगे।
मतिहीन इतने कि समझ सकें न भाव,
बौखलाये ऐसा सब साथ भौंकने लगे।
इस-भाँति अपने ही घर में लगाई आग,
और कुछ इस में हवा भी धौंकने लगे।
कैसी छाई हुई है समाज में विडम्बना ये,
कितनों के देखिये कलेजे छौंकने लगे।

19

मानव की मनोदशा

करो धर्म और संत-ज्ञानियों का उपहास,
इससे बहुत ही महान बन जाओगे।
राम व रामायण कर का करके विरोध अति,
महिमामयी व गुणवान बन जाओगे।
परम-प्रशंसनीय कहलाओगे सदैव,
सुयश का ऐसा प्रतिमान बन जाओगे।
असली तो बन नहीं पाओगे कदापि किन्तु,
नकली अवश्य भगवान बन जाओगे।

20

कुटिला की असंयमित वाणी

संत के विरुद्ध यदि बोलेगी जो ऐसे बोल,
वाणी में अवश्य तेरे कीड़े पड़ जायेंगे।
तुझ पर होगा ऐसा काल का कराल कोप,
तेरे तुझको ही मार घर से भगायेंगे।
तुझे त्याग देंगे उन्मादी-कूकरी की भाँति,
फिर कभी तुझको वो नहीं अपनायेंगे।
इसलिए बोल सुन सुंदर-वचन सदा,
बोले हुए शब्द कभी वापस न आयेंगे।

21

संत के विरुद्ध वाणी

अब तो लगा ले तू लगाम निज-बयनों पै,
निज-नयनों को प्रभु-चरणों से जोड़ दे।
संस्कार से न भाग बन न विषैली सुन,
अपने-कुकृत्य सारे करना तू छोड़ दे।
समय का कर सद्-उपयोग दृढ़ता से,
जिससे न कोई तुझे गालियाँ करोड़ दे।
भारत की धरती कलंकित न कर मूढ़,
तेरी ये उदंडता ही तुझको न गोड़ दे।

22

कुटिला के कर्म

राम के विरुद्ध षड्यंत्र रच सूपनखा,
अपने ही घर का विनाश करवा गयी।
राम का तो रोम भी न टेढ़ा कर पायी पर,
कुलघातिनी वो सारा-कुल मरवा गयी।
निज-नाक कटवा के नकटी हो भटकी वो,
साथ-साथ अपना भी नाम-धरवा गयी।
चाहती तो अपना वो कर सकती थी क्षेम,
जीवन में कुटिला कलंक भरवा गयी।

23

चरित्र और संस्कार

भले कोटि-अश्वमेध कर लिये जायें किन्तु,
यह काज तब-तक होता नहीं पूरा है।
जब-तक जीवन में आये न चरित्र-शुद्ध,
कितना भी कर लो विकास वो अधूरा है।
भाते नहीं संस्कार प्रेरणा के प्रवचन,
इनके विरुद्ध कुछ-वाणियों में छूरा है।
मतिमंद करने लगे हैं अब ऐसी-बात,
नारियल-न्यून और उत्तम-धतूरा है।

24

महापुरुषों के प्रति दुर्भावना

हरि की कृपा से बालबँका भी हुआ न रंच,
सहयोगी कारागृह की सलाख हो गयी।
प्रहलाद को जलाने के लिए चली थी किंतु,
होलिका स्वयं जलकर राख हो गई।
मंथरा की बात मान कर चली जब चाल,
उल्टे मलीन कैकेई की साख हो गयी।
भारत की भूमि पर ऐसी और भी हैं कुछ,
जिन्हें देख कर नीची हर-आँख हो गयी।

25

धर्म संस्कार रहित जीवन शैली

संस्कार से विहीन जीवन को जीने वाली,
धर्म के विरुद्ध युद्ध लड़ने को आई है।
कुमति की मारी कैसे-कैसे बोलती है बोल,
अपने पे ही कलंक जड़ने को आई है।
इसमें किसी का कोई किंचित नहीं है दोष,
स्वयं ही पचड़े में पड़ने को आई है।
सुयश तो मिल नहीं पायेगा कभी भी इसे,
बस पड़े-पड़े ये तो सड़ने को आई है।

26

सुर संत विप्र के प्रति दुर्भावना

बोलता वही है संस्कार के विरुद्ध बोल,
जिस पर मूढ़ता का भूत चढ़ जाता है।
करता वही है सुर-संत-विप्र का विरोध,
जिस पे विनाश का प्रभाव बढ़ जाता है।
किंतु चलता है जो सदैव सत-पंथ पर,
सुयश का वही प्रतिमान गढ़ जाता है।
मिलती है सिद्धि-सद्-बुद्धि शक्ति-मुक्ति-भक्ति
सब-कुछ वह स्वयंमेव पढ़ जाता है।

27

कैसा युग है?

सुरसा ने किया था प्रयास लीलने का किन्तु,
उस पै सदा से हनुमान पड़े भारी हैं।
थमा नहीं अभी तक उत्पात दानवी का,
उसका प्रयास वही भरपूर जारी है।
त्रेता की तो राक्षसी भी होती थी प्रशंसनीय,
निन्दनीय बन रही कलियुगी-नारी है।
दानवी का दंभ लील जायेगा उसे ही अब,
जो कि उसके लिये महा-विनाशकारी है।

28

बुद्ध और रैदास जी के अनुयायी

बुद्ध-रैदासजी की मानते नहीं हैं सीख,
अनुयायी बनने की डींग ही हैं मारते।
बोलते हैं नित नीति के विरुद्ध कटु-शब्द,
अपने को अल्प नहीं जन ये सुधारते।
सुर-संत-विप्र का ये करते हैं अपमान,
इनके ही विपरीत शब्द हैं उचारते।
स्वयं ही निम्न-बनने के करते हैं कर्म,
अपने को नजरों से सबकी उतारते।

29

उच्छृंखल मत बनो

बन के दिखा दो मणिकर्णिका सी मरदानी,
देश-द्रोहियों के छक्के क्यों नहीं छुड़ाती हो?
यदि ओले गिरने का तुमको है अनुमान,
ऐसे अवसर पर शीश क्यों मुड़ाती हो?
संस्कार है सुरक्षा कवच तुम्हारा दृढ़,
अपनों को इससे क्यों तोड़ती तुड़ाती हो?
हम चाहते हैं बनो भारत की शान किन्तु,
अपनी ही गरिमा की धज्जियाँ उड़ाती हो।

30
ईश्वर सद्बुद्धि दें

इतनी खिंचाई सुन जब सुधरी न मति,
दानवी को कभी-भी समझ नहीं आयेगी।
साधु-संत सत-पंथ का करेगी अपमान,
संस्कृति के विरुद्ध नित गीत गायेगी।
करनी का अपनी ये फल भोगेगी अवश्य,
जनता को अपना ये मुँह न दिखायेगी।
भले न प्रगट करे सबके-समक्ष भाव,
किन्तु एक-दिन ये बहुत पछतायेगी।

31
बनना है तो भारत की शान बनो

सिंहनी समझते हैं भारत की तुम्हें हम,
तुम हो कि लोमड़ी ही बनने को ठानती।
संस्कार के विरुद्ध करती हो खींचतान,
महापुरुषों की एक-बात नहीं मानती।
कैंची के समान ये चलाती हो ज़बान-कटु,
परम-पवित्रता के तथ्य नहीं जानती।
भारत की आन-बान-शान का बनो प्रतीक,
अपनी ही शक्ति आप नहीं पहचानती।

32

रहना है रहो सद्भावना से

मत-चलो आँख-पर पट्टी-बाँध बंधुवर,
भारत के हित हेतु अब जाग जाइये।
सब को लगाइये हृदय से स्वबंधु-सम,
राग-द्वेष-छल व कपट त्याग जाइये।
देश में करो भ्रमण मिलकर एक साथ,
काशी-चित्रकूट मथुरा-प्रयाग जाइये।
रहना है रहो सद्भावना से संग-संग,
अन्यथा ये हिंद छोड़कर भाग जाइये।

33

सभ्यता-संस्कृति-परिवर्तन

खड़े-खड़े खाने का चलन चल पड़ा अब,
ढंग जो निकृष्ट था वो उत्कृष्ट हो गया।
संस्कृति अपनी का कर दिया परित्याग,
स्वच्छता-पवित्रता का भाव नष्ट हो गया।
भोग भगवान को लगाने की न रही प्रथा,
आचरण आदमी का ऐसा-भ्रष्ट हो गया।
अन्य शुद्ध-रीतियों के विपरीत हुआ नर,
संस्कार-सभ्यता से स्पष्ट हो गया।

34

ऐसा नहीं होना चाहिए

कलिकाल में न जाने कौन कैसा बन जाये,
आज का समाज है कठिन क्रूर हो रहा।
राम-नाम का विरोध करना ही गौरव है,
ऐसा-भाव बहुतों में भरपूर हो रहा।
किसको कहें महान किसको कहें असंत,
प्रेम-परिवेश सब चूर-चूर हो रहा।
एक संत दूसरे को झूठा जो बताने लगे,
समझो धरा से है धरम दूर हो रहा।

35

गो वध विनाश का आमंत्रण

महिमा सनातन की है अकथनीय बन्धु,
ऐसा समझो इसे कि जैसे कोई सीप है।
इसके है अंदर वो मोती खोजते हो जिसे,
कहते हैं सब जिसे ज्ञान का प्रदीप है।
उसको बताना चाहता हूँ अपनी ये बात,
बैठा हुआ बन के यहाँ का जो महीप है।
धेनु-बनने-लगे आहार किसी-देश में तो,
समझो विनाश उस देश का समीप है।

द्वितीय पटल

(व्यसन और विनाश के स्वर)

कुल छंद [16]

परिचय

मानव जीवन की सार्थकता उसकी सात्विक प्रवृत्तियों, आत्म-नियंत्रण और मर्यादा में निहित है। किंतु, जब समाज का विवेक शिथिल पड़ने लगता है, तब विनाशकारी प्रवृत्तियाँ मनुष्य को अपने पाश में जकड़ लेती हैं। यह द्वितीय पटल—'व्यसन और विनाश के स्वर'—उन्हीं घातक सामाजिक बुराइयों, मानवीय पतन और नैतिक स्खलन पर कवि की लेखनी से उपजा एक अत्यंत तीखा और विचारोत्तेजक प्रहार है।

इस पटल के छंद केवल काव्यगत अनुभूतियाँ नहीं हैं, वरन समाज को गर्त में धकेलने वाले अंधकार के विरुद्ध एक वैचारिक युद्धघोष हैं। कवि ने यहाँ समाज के उस स्याह पक्ष को उघाड़ा है, जहाँ जुआ और मदिरापान जैसे प्राणघाती व्यसन मनुष्य की बुद्धि और उसके लोक-परलोक को नष्ट कर रहे हैं। जिस मदिरा और द्यूत-क्रीड़ा ने इतिहास में बड़े-बड़े साम्राज्यों और कुलों को मिट्टी में मिला दिया, आज का आधुनिक मानव उसी विनाशकारी मार्ग को अपनी प्रतिष्ठा का साधन मान बैठा है। कवि का संवेदनशील हृदय इस सामाजिक पतन को देखकर मर्माहत है, और यही कारण है कि उनके छंदों में इन व्यसनों से होने वाली हानियों का एक जीवंत और भयानक यथार्थ चित्रित हुआ है।

कवि ने बड़ी ही सूक्ष्मता से इन छंदों के माध्यम से यह दर्शाया है कि किस प्रकार एक छोटा सा भटकाव पूरे परिवार, समाज और अंततः राष्ट्र के विनाश का कारण बनता है। मदिरा के मद में चूर होकर मनुष्य अपनी सुध-बुध खो बैठता है,

उसके भीतर का शील समाप्त हो जाता है और वह हिंसक व अमर्यादित प्रवृत्तियों का दास बन जाता है। ठीक इसी प्रकार, जुए का आकर्षण मनुष्य को कर्महीन बनाकर उसके संचित पुरुषार्थ और धन-वैभव को क्षण भर में स्वाहा कर देता है। ये व्यसन केवल शरीर को रोगग्रस्त नहीं करते, अपितु आत्मा को भी कलुषित कर देते हैं, जिससे व्यक्ति का विवेक पूरी तरह नष्ट हो जाता है।

परंतु, इस पटल की मूल चेतना केवल विनाश के दृश्यों को दिखाना नहीं है। कवि का वास्तविक ध्येय समाज को इस आत्मघाती निद्रा से जगाना है। इन छंदों में निहित चेतावनी पाठक को आत्ममंथन के लिए विवश करती है कि वह क्षणिक और तामसिक आनंद के पीछे छिपे हुए उस भयंकर परिणाम को देखे, जो पूरे जीवन को नारकीय बना देता है। कवि अपनी ओजस्वी वाणी से युवा पीढ़ी और संपूर्ण जनमानस का आह्वान करता है कि वे इन दुर्व्यसनों के छलावे को समझें और इनसे दूरी बनाकर अपने जीवन को सुरक्षित करें।

यह पटल एक सजग समाज-सुधारक के अंतस की गूँज है। कवि ने अत्यंत प्रौढ़ और निर्भीक भाषा में उन सामाजिक विसंगतियों पर प्रहार किया है, जो मनुष्य के आत्मबल को खोखला कर रही हैं। व्यसनों की इस विभीषिका से उबरने का संदेश देता यह पटल, अंततः पाठक को सदाचार, आत्म-संयम और सात्विक जीवन-पद्धति की ओर लौटने की प्रेरणा देता है। यह एक जीवंत प्रयास है—समाज को विनाश के पथ से मोड़कर पुनः मर्यादा, स्वास्थ्य और उन्नति के मार्ग पर अग्रसर करने का।

द्वितीय पटल

(घनाक्षरी छंद)

1

परम प्रगति का पथ

भूल गये परम-प्रगति का पुनीत-पथ,
भव की भँवर में भटक भार-ढोते हो।
भ्रमित हो भ्रात भागते हो भक्ति-भजन से,
विषयों के विष से स्वयं को भिगोते हो।
इसमें किसी का कहीं कुछ भी नहीं है दोष,
निज-करमों के वशीभूत हो के रोते हो।
उर में हिलोरे ले रहा है तृष्णा का ज्वार,
जागे नही सपनों से ग्रसित हो सोते हो।

2

मानव जीवन और मानव के कर्म

बीती नहीं विषय-विभावरी विशेष-कर
बढ़ गया विष ये विकट कैसे छूटेगा।
बड़ी-बाधा बन कर बाँध रहा जीवन को,
बतलाओ बन्धु कैसे बंधन ये टूटेगा।
बार-बार विधि वरदान यह देता नहीं,
बावले न बनो काल इसको भी लूटेगा।
बोल गये विविध-विचारवान वाणी-यह,
करमों के बीज का विशाल-वृक्ष फूटेगा।

3

पर्यावरण

काटता ये जा रहा है अपने ही हाथ-पैर,
देखिये मनुज कैसा हो रहा है बावला।
कर रहा प्रतिदिन प्रकृति-विरुद्ध-काम,
बुद्धि व विवेक बिन होकर उतावला।
मार रहा पंक्षियों को हर रहा हरे-तरु,
अब ये उगाता नहीं बेल-आम-आँवला।
सुखी नहीं रह पायेगा वो कभी ऐसा कर,
चाहे वह चड्ढा हो या चौबै हो या चावला।

4
भीषण विभीषिका

वाह-रे-मनुज तेरा कैसे-करूँ गुणगान,
हो गया प्रलय से भी बड़ा बलवान है।
दूर-नहीं दिवस-वो जब ये कहेंगे जन,
वसुधा नहीं ये कोई बड़ा शमशान है।
रूस-यूक्रेन का न थम पाया महा-रण,
अब घमासान इजराइल-ईरान है।
शिखी-शैल का शिखर भेदने लगा है नभ,
धरती को ध्वस्त करने का अभियान है।

5
वैश्विक विप्लव

पलट गया है काल का कराल-दृष्टिकोण,
उलट गयी है गति मानव के मति की।
आपस में लड़-लड़ मर-रहा प्रतिदिन,
झाँकी ये प्रगति की है या कि अवनति की।
ऐसे बोये-गये हैं विनाश के विकट-बीज,
छाने-लगी-छाया क्षिति-छाती पर क्षति की।
भीषण-विभीषिका का नहीं शेष कोई-हल
अब तो है आस बस अवनी के पति की।

6

मानव जीवन

ज्ञानियों की बात पर देना मत ध्यान-रंच,
जीवन-सजीवन को व्यर्थ खोते-रहना।
श्वान और सूकरो सा अपनाना खान-पान,
पाप-पंक-राशि से लसित सोते-रहना।
करम-सुधारने का करना प्रयास मत,
होकर-व्यथित दिन-रात रोते-रहना।
अवसर-आयु जब कर दे लाचार तब,
कालिमा कलंक वाली बैठे धोते-रहना।

7

इश्क़-विश्क़

करो खूब-करो और मरो सुधरो न कभी,
उबरो न इससे ये बड़ा ही अनोखा है।
इस पचड़े में पड़े बड़े-बड़े देखे गये,
किन्तु भ्रम-वश लगता ये बड़ा-चोखा है।
बाहर से इसमें तो दीखता है कुछ-और,
अंदर से और-कुछ ऐसा ये झरोखा है।
इश्क-विश्क प्यार-व्यार कुछ भी नहीं है यार,
सच मानिये तो यह शानदार धोखा है।

8
प्रेम पहले और अब

पहले तो खिलते थे उर प्रेम के सुमन,
अब हिय हुआ कंटकों का ही विपिन है।
हो गया तो पहले बदलता नहीं था प्रेम,
किन्तु अब तो बदलता ये प्रतिदिन है।
निन्दित-क्रिया-कलाप का है घनघोर-युग,
जिस पर आती शुद्ध-प्रेमियों को घिन है।
अब न पलटना पुराने-वाले-प्रेमपत्र,
आज अर्थ उनका समझना कठिन है।

9
प्रकृति का प्रकोप

प्रकृति-प्रकोप है प्रचंड पृथ्वी पै पड़ा,
प्रलय सी आई मचा महा-हाहाकार है।
जहाँ पर होना चाहिये निवास ऋषियों का,
वहाँ पर बढ़ रहा मानवी-विकार है।
दिव्य-धाम में तपस्या करने का है विधान,
किन्तु वहाँ होता पाप विविध-प्रकार है।
उठो-जागो-समझो संभल-जाओ बन्धुवर,
दैवी-शक्तियों को ऐसा नहीं स्वीकार है।

10
कैसे कैसे लोग हैं

गिर गये इतना कि देने-लगे गालियाँ भी,
इससे स्वयम् ये कभी भी हरषेंगे क्या?
अपनी दिखा रहे हैं कैसी-कैसी नीचता ये,
इससे हृदय किसी के भी सरसेंगे क्या?
कभी प्रेम भर-पायेंगे ये क्या किसी के उर,
इनके लिये कभी-भी लोग तरसेंगे क्या?
वसुधा के बोझ बनकर बसते हैं बस,
इन पर इससे सुमन-बरसेंगे क्या?

11
मूढ़ों की पहचान

बुद्धिमान आपस में लड़ते नहीं है कभी,
लड़ना तो बस जाहिलों की पहचान है।
एक दूसरे के प्रति रखते हैं जो विकार,
सच पूछों उनसे तो पशु ही महान है।
करते हैं मनमानी आचरण दिन-रात,
जिनके लिये न कोई विधि न विधान है।
इनके ही द्वारा सज्जनों के हर-पग पर,
होता रहता सदैव बड़ा-व्यवधान है।

12
द्यूत से दूर रहें

द्यूत से कभी किसी को मिलता नहीं है लाभ,
उल्टे वो अपना ही वैभव गँवाता है।
धन-धाम-यश-हीन हो के बनता है रंक,
फिर द्वार-द्वार भीख माँगने वो जाता है।
थाली-थाल लोटा-पट बचता नहीं है कुछ,
पेट भी कुटुम्ब का वो नहीं भर-पाता है।
इतना बुरा ये खेल करता महा-विनाश,
आदमी को जीते-जी नरक पहुँचाता है।

13
मद्यपान मत करें

सुनिये शराब ने किसे नहीं किया ख़राब,
भूलकर इसे कभी हाथ न लगाइये।
कीजिये न बर्बाद घर-द्वार-परिवार,
यार इस मूढ़ता को त्याग जाग-जाइये।
कीजिये विवेकवान नर का सदैव संग,
रहिये पवित्र सदा हरि-गुण गाइये।
मानिये ये उपदेश है विशेष-लाभप्रद,
अपनों के साथ लाभ इसका उठाइए।

14

दहेज दानव

शादियों का कितना बदल गया है स्वरुप,
खेल बन गया यह सेल-परचेज का।
जिसे देखो माँगने लगा है मँहगी-सी कार,
आता नहीं उपयोग कुर्सी व मेज का।
आये-दिन दिखता-ही-रहता है ऐसा-दृश्य,
कर-लो-मुताला किसी अखबारी-पेज का।
सुरसा की भाँति बढ़ता ही जा रहा है नित,
कब होगा ध्वंश यह दानव-दहेज का।

15

दहेज की भीख

लगता है अब कहीं मर्द दिखते ही नहीं,
ताँता लग गया है भिखारियों की भीड़ का।
माँगने लगे हैं मुँह खोल के दहेज ऐसे,
तिनका भी एक छोड़ते नहीं हैं नीड़ का।
कभी भी पसीजते व शरमाते नहीं रंच
खड़े होते अकड़ के जैसे तरु-चीड़ का।
कर रहे कुल को कलंकित हैं ऐसे-लोग,
एहसास नहीं जिन्हें दूसरों की पीड़ का।

16

दहेज की ज्वाला

लाज व शरम छोड़ माँगने लगा है भीख,
हो गया है लोभी नर कितना दहेज का।
बड़ा ही कुटिल हो गया है दानवों का दल,
बन-गया-अरि परिणीता की जो सेज का।
पौरुष-विहीन होता जा रहा है प्रतिदिन,
कर रहा है विनाश अपने ही तेज का।
देने में तो करता है परहेज़-वाली-बात,
लेने में न रखता है ध्यान परहेज़ का।

॥ इस पटल का विचार ॥

"व्यसन काया और चेतना दोनों को भस्म करता है। क्षणिक सम्मोहन के पीछे छिपा विनाश जब सम्मुख आता है, तब तक विवेक का दीप बुझ चुका होता है। जागिए, इससे पहले कि तिमिर समूचे अस्तित्व को निगल जाए।""

द्वितीय पटल समाप्त

तृतीय पटल

(नीति, अनीति और अर्थ के स्वर)

कुल छंद [20]

परिचय

मानवीय सभ्यता का ताना-बाना सदैव ही उचित और अनुचित के संघर्षों के बीच बुना गया है। किसी भी जीवंत समाज की रीढ़ उसकी नीतियाँ और नैतिक मूल्य होते हैं, किंतु जब युग का प्रभाव बदलने लगता है, तब आदर्शों के स्थान पर स्वार्थ और लोलुपता का वर्चस्व स्थापित हो जाता है। यह तृतीय पटल—'नीति, अनीति और अर्थ के स्वर'—समकालीन समाज में व्याप्त इसी नैतिक द्वंद्व, भौतिकवादी अंधी दौड़ और जीवन के खोखले होते जा रहे अर्थों पर कवि की दृष्टि का एक अत्यंत मर्मभेदी और गंभीर दस्तावेज़ है।

इस पटल में समाहित छंद कवि के उस प्रखर सामाजिक विवेक की उपज हैं, जो व्यवस्था और जनमानस के आचरण को बहुत निकटता से परखता है। कवि यहाँ नीति और अनीति के सूक्ष्म भेद को रेखांकित करते हुए समाज के समक्ष एक दर्पण रखता है। आज के युग में जहाँ स्वार्थ सिद्धि के लिए मर्यादाओं को ताक पर रख देना ही चतुराई मान लिया गया है, वहाँ कवि की लेखनी सत्य और न्याय के पक्ष में निर्भीकता से खड़ी होती है। राजनीति से लेकर आम जीवन तक फैली विसंगतियाँ, कथनी और करनी का अंतर, तथा सिद्धांतों की बलि देकर तात्कालिक लाभ कमाने की प्रवृत्ति पर इन छंदों में अत्यंत प्रौढ़ता के साथ प्रहार किया गया है।

इसके साथ ही, यह पटल 'अर्थ' अर्थात् धन-लिप्सा के उस स्याह पक्ष को भी उघाड़ता है जिसने मानवीय संवेदनाओं को पूरी तरह ग्रस लिया है। आज का मनुष्य केवल भौतिक संपदा के संचय को ही जीवन की एकमात्र सार्थकता मान

बैठा है। धन की इस तीव्र भूख ने आपसी संबंधों की ऊष्मा को समाप्त कर दिया है और भाईचारे के स्थान पर एक क्रूर प्रतिस्पर्धा को जन्म दिया है। कवि ने बड़ी ही व्याकुलता के साथ उस यथार्थ को चित्रित किया है जहाँ धन के प्रभाव से अनीति को नीति सिद्ध करने का कुप्रयास किया जाता है, और एक आम निष्कपट मनुष्य इस चक्रव्यूह में पिसने के लिए विवश हो जाता है।

परंतु, कवि का उद्देश्य केवल समाज की विद्रूपताओं और धन के इस तांडव को दिखाकर मौन हो जाना नहीं है। इन छंदों का मूल स्वर पाठक के भीतर सोई हुई विवेक-बुद्धि को झकझोरना है। कवि यह संदेश देना चाहता है कि जिस समाज में नीति का लोप हो जाता है और केवल 'अर्थ' (पैसा) ही सर्वोपरि हो जाता है, वह समाज अंततः आत्मिक रूप से दरिद्र हो जाता है। इन रचनाओं के माध्यम से कवि पुनः एक ऐसे समाज की स्थापना का स्वप्न देखता है जहाँ न्यायप्रियता, ईमानदारी और लोक-कल्याण की भावना सर्वोपरि हो।

यह पटल समकालीन विसंगतियों पर विचार करने के लिए विवश करता एक अत्यंत सशक्त माध्यम है। कवि ने अपनी ओजपूर्ण और विचारप्रधान वाणी से उन प्रवृत्तियों को चुनौती दी है जो समाज को पतन की ओर ले जा रही हैं। नीति और सदाचार के महत्व को पुनर्स्थापित करता यह पटल, अंततः प्रत्येक पाठक को आत्ममंथन की प्रेरणा देता है ताकि वह भौतिक चकाचौंध से परे हटकर जीवन के वास्तविक और सात्विक अर्थ को पहचान सके।

तृतीय पटल

(घनाक्षरी छंद)

1

परम आदर्श

क्षुधा से क्षुधित को न छोड़ो क्षीर से छकाओ,
क्षति न छमण्ड की हो, सरल सजीले हो।
छीनना न छेम, छिन्न-भिन्न भी न होने देना,
क्षमता किसी की, कभी इतने न ढीले हो।
छन्नमति से न छेड़-देना छन्द में प्रसंग,
छिद्र-अन्वेषी क्षोभयुक्त न हठीले हो।
क्षुद्र-छल-छद्म छोड़ क्षिति में छजाओ छवि,
छाओ छत्र-बन, क्षेत्र-क्षेत्र के छबीले हो।

2

सदाचार

लिखना-करूँ मैं न्यून, पढ़ना-करूँ अधिक,
मानस में मेरे कुछ ऐसा ही विचार है।
आपकी-प्रसिद्धि शुचि-सृजन की सिद्धि और,
कृतियों की आपका विशेष जो प्रचार है।
स्वजन-सृजनशीलता का मैं पिऊँ पीयूष,
उर की व्यथा का ये उचित-उपचार है।
बिना-श्रम-किये मिल-जायेगा परम-ज्ञान,
इससे विशिष्ट नहीं कोई सदाचार है।

3

सद्-विचार

व्यर्थ का विवाद खड़ा करने से क्या है लाभ,
जो न हो पसंद दूरी उससे बनाइये।
शुचि-संतसंग से ही समय करो व्यतीत,
प्रिय-जनों को भी आप इसमें लगाइये।
कलह का धाम न बनाओ इस जीवन को,
जगत-प्रपंच-तज राम-गुण गाइये।
विमल-विवेक से विचारिये विविध-भाँति,
तभी कुछ करने को कदम उठाइये।

4
नैतिक शिक्षा

विषयों के विष से विलग-रहिये-विशेष,
बच-बच चलो अवगुण एक-एक से।
वचनों को बोलिये तो घोलिये मधुर-रस,
उर-खोलिये उदारता के अतिरेक से।
बंधुओं को बँटने-बिखरने न देना कभी,
बनिये विबुध-बड़े मिल के अनेक से।
वासुदेव-वंदन में वाणी को लगाओ बंधु,
बार-बार बल-बुद्धि विमल-विवेक से।

5
वाह रे मानव

करते हैं अपमान सज्जनों का जो सदैव,
दीन-दुखियों पै कड़े-कोड़े बरसाते हैं।
मदिरा का पान कर, करते हैं छेड़-छाड़,
धन के घमंड में जो फूले न समाते हैं।
ब्याज पर ब्याज जो वसूलते हैं दिन-रात,
स्वार्थ-सिद्धि-हेतु दीन-जनों को सताते हैं।
प्रभो उनको न देना कभी सुख-चैन-शांति,
जग में निरीह-प्राणियों को जो भी खाते हैं।

6
कृतघ्न संतति

विषयों-के-रागी अनुरागी-चर्म-के-विशेष,
जिनको विनाश-वाला-भोग अति-भाता है।
चूकते नहीं हैं अपशब्द-बोलने से उन्हें,
हितकारी-बात जो भी इनको बताता है।
जिन्होंने है पाल-पोष कर इन्हें बड़ा किया,
उन के लिये ये हाय ! कैसे बन जाता है।
असहाय माता-पिता भटक रहे हैं कहाँ,
कायर-कुपूतों को समझ नहीं आता।

7
निवेदन

चाहते हो यदि देश-संस्कृति का विकास,
टूटने न देना कभी आपस की एकता।
उसको उखाड़ फेंको झट ही समूल अब,
जो भी राजनीति-वाली-रोटियाँ हो सेंकता।
देश और धर्म के विरुद्ध चलता हो चाल,
जनता के मध्य लम्बी-लम्बी ही हो फेंकता।
पहले चुनाव के तो चूमता-चरण किन्तु,
बाद में जो जनता की ओर नहीं देखता।

8
लेखनी के वास्तविक वीरों पर

फेसबुक से भी लगती है कभी-कभी चोट,
किन्तु लेखनी के वीर बुरा नहीं मानते।
करते हैं स्वागत उदारता से उनका भी,
इनके विरुद्ध जो हैं विकट बखानते।
मानते हैं सभी के सुझावों को सरलता से,
कभी-भी वो भूल से विवाद नहीं ठानते।
अपने को लघु किन्तु औरों को महा-महान,
गुणवान-ज्ञानवान सम ही हैं जानते।

9
फेसबुक का समर

बड़े-बड़े लेखनी के वीर यहाँ हुये खिन्न,
फेसबुक का भी कुछ ऐसा ही समर है।
खोज रहा था विशेष-विजय-विभूति अत्र,
हुआ ऐसा-भ्रमित ये मन का भ्रमर है।
किन्तु है प्रशंसनीय परम वही प्रमुख,
डटा रहा अपनी जो कस के कमर है।
मान-अपमान के विचार से है जो विमुक्त,
वही इस पटल में जयी व अमर है।

10
फेसबुक की महिमा

फेसबुक में भी घमासान देखने को मिला,
जबकि यहाँ पे कवियों का ही समूह है।
रखते हैं अपनों के प्रति विपरीत-भाव,
इसको समझ-पाना परम-दुरूह है।
यह जानकर लगता है अटपटा अति,
इसमें भी रच-दिया-जाता चक्रव्यूह है।
एक-दूसरे-से-बड़ा निज-को दिखाने-हेतु,
यहाँ मची-रहती सदैव हूह-हूह है।

11
विज्ञ और अभिमानी पर

घटता नहीं है कुछ कर देने से कमेन्ट,
अपितु ये कवि का बड़ा प्रमुख-गुण है।
करता वही है सदा सुंदर-कमेन्ट-शुद्ध,
जो कि पद्य-रचना में परम-निपुण है।
त्रुटि को सुधारने में करता है सहयोग,
परम-सनेही, और हृदय-करुण है।
विज्ञ-मतिमान भरता है प्रेरणा-प्रखर,
किंतु अभिमानी होता जैसा मतकुण है।

12
पंगु मानसिकता

खल तो करेगा सत्य-संस्कृति का विरोध,
कितना वो अपना यहाँ विकास कर ले।
कर नहीं सकता कभी-भी अंगीकार सत्य,
भले ही वो अपना विशेष-ह्रास कर ले।
किसी-किसी मति के कपाट खुलते ही नहीं,
कोई कोटि समझाने का प्रयास कर ले।
सूकर को कीच और कचरे हैं भाते सदा,
भले ही वो चंदन के मध्य वास कर ले।

13
वाह रे ! जी.एस.टी.

कर का मकड़-जाल कमर को रहा तोड़,
प्रतिदिन रंग है बदलती जी.एस.टी.।
भारत का अपने बनाना है भविष्य यदि,
कर दो सरल ऐसी खलती-जी.एस.टी.।
झकझोर कर रख-देती है ये तन-मन,
ऐसी वक्र-गति से है चलती जी.एस.टी.।
किस-किस को है भाती कृपया बता दो मुझे,
भारत की अंक में ये पलती जी.एस.टी.।

14

जी.एस.टी. पर

काल-सर्प-योग सम बैठी कुण्डली ये मार,
साढ़ेसाती बनकर छाई है जी.एस.टी.।
सुरसा से भी अधिक है ये विकराल-अति,
जाने किस-लोक से ये आई है जी.एस.टी.।
बड़े-बड़े इसका न ढूँढ़ पाये कोई-तोड़,
बड़ी-महँगाई साथ लाई है जी.एस.टी.।
किसकी है बेटी यह किसकी बहन और,
जाने किस-दैत्य की लुगाई है जी.एस.टी.।

15

कुछ लोग ऐसे भी होते हैं

स्वार्थवश देशहित देखते नहीं हैं मूढ़,
देशद्रोहियों से भी वो प्रीति कर लेते हैं।
फेंक देते हैं वो हीरा, गहते हैं काँच और,
जाने-अनजाने में अनीति कर लेते हैं।
गिर जाते हैं वो नीचे परम-पतित बन,
जाने कैसी ओछी-राजनीति कर लेते हैं।
चलकर संस्कार-सभ्यता के विपरीत,
देश-के-विरुद्ध नयी-रीति कर लेते हैं।

16

घटती बढ़ती जी.एस.टी.

एक-रूप में न कभी पड़ती दिखाई यह,
भाँति-भाँति के है रूप गढ़ती जी.एस.टी.।
इसको समझ नहीं पाया कोई भली-भाँति,
सिर में है दर्द-घोर मढ़ती जी.एस.टी.।
जाने किस-लोक से उतर कर आई यह,
जाने कहाँ-कहाँ है ये चढ़ती जी.एस.टी.।
भगवान इसको बुला लो धरती से अब,
कहीं घटती है कहीं बढ़ती जी.एस.टी.।

17

सर्वर फेल हो गया...

आयकर-विवरणी हो न सकी अपलोड,
अवसर पर सरवर फेल हो गया।
रुक गया बहुत जरूरी काम होना था जो,
अच्छा-चलता हुआ खराब-खेल हो गया।
ऐसा लगा देखकर हो गया अँधेरा-घोर,
दीपक का जैसे कि खतम-तेल हो गया।
मिल गया अवसर और एक दिवस का,
इस-भाँति फिर ठीक ताल-मेल हो गया।

18

जी.एस.टी. का चक्रव्यूह

सोचा था बहुत ही सरल व सहज होगा,
किन्तु रुप इसका बड़ा दुरूह हो गया।
व्यवसाय को चलाना हो गया कठिन-अति,
प्रति-पग पर बड़ा-प्रत्यूह हो गया।
रख दिया इसने सभी को झकझोर कर,
परेशान लेखाकारों का समूह हो गया।
रह गया व्यवसायी इसमें उलझकर,
ऐसा ये जी.एस.टी. का चक्रव्यूह हो गया।

19

देश के कैसे कर्णधार

धूमधाम से बने थे देश के जो कर्णधार,
वही आज आग देश में लगाने-आ-गये।
कुर्सी के मोह ने किया है ऐसा-दृष्टिहीन,
हमें अपने ही घर से भगाने-आ-गये।
करने को खंड-खंड देश की अखंडता को,
नीति के विरुद्ध द्वेष को जगाने-आ-गये।
एकता का करना था जिनको प्रयास-दृढ़,
भाव वो कलुषता का उमगाने-आ-गये।

20

उपदेशकों की करनी

माया-मोह पर कभी देते थे जो प्रवचन,
अब वो ही महा-माया-मोह से ग्रसित हैं।
धन और धान्य उनके भरा अथाह किंतु,
फिर-भी इसी के लिये परम-तृषित हैं।
बाहर से कुछ-और भीतर से कुछ हैं वो,
जाने क्या-क्या पाने के लिये बड़े-व्यथित हैं।
कूद-गये वो भी राजनीति में ही अंततः,
पता नहीं संत हैं या हो चुके पतित हैं।

॥ इस पटल का विचार ॥

"जहाँ लिप्सा मर्यादा का स्थान ले ले और संबंध तराजू पर तोले जाने लगें, वहाँ समाज अपनी आत्मा खो देता है। 'अर्थ' जब अनर्थ की सीमा लांघ जाए, तब नीति का मौन हो जाना विनाश का आमंत्रण है।"

तृतीय पटल समाप्त

चतुर्थ पटल

(संचार माध्यमों का उन्माद और नैतिक पतन)

कुल छंद [18]

परिचय

सूचना और तकनीक के इस आधुनिक युग में मनुष्य ने दूरियों को तो समेट लिया है, किंतु इस प्रक्रिया में उसने अपने भीतर के आत्मिक संवाद को पूरी तरह खो दिया है। अभिव्यक्ति के जिन माध्यमों को समाज को जोड़ने और चेतना को जाग्रत करने का साधन बनना था, आज वे ही माध्यम भटकाव, उन्माद और नैतिक पतन के सबसे बड़े कारक बन चुके हैं। यह चतुर्थ पटल—'विकृत संचार और भ्रामक प्रचार के स्वर'—सूचना तंत्र के इसी भयावह मायाजाल, उससे उपजी सामाजिक विकृतियों और कला व सौंदर्य के नाम पर परोसी जा रही आभासी दुनिया पर कवि की लेखनी से उपजा एक अत्यंत सामयिक और गंभीर वैचारिक प्रहार है।

इस पटल के छंद केवल समकालीन परिवेश का चित्रण नहीं हैं, अपितु डिजिटल युग की इस अंधी चकाचौंध के विरुद्ध चेतना का एक सजग स्वर हैं। कवि यहाँ उस मर्म को उघाड़ता है जहाँ फेसबुक, इंटरनेट और सोशल मीडिया जैसे माध्यमों ने मानव मस्तिष्क को अपने पाश में जकड़ लिया है। सत्य और यथार्थ से दूर, केवल लोक-प्रसिद्धि और भ्रामक प्रचार की भूख ने मनुष्य को एकाकी और आक्रामक बना दिया है। कवि का संवेदनशील हृदय इस बात से गहरे अवसाद में है कि जहाँ कभी ज्ञान और साधना की चर्चा होती थी, आज वहाँ भ्रामक सूचनाओं का एक ऐसा उन्माद फैला है जिसने समाज की शांति और विवेक को पूरी तरह सोख लिया है।

इसके साथ ही, यह पटल सौंदर्य और कला के उस स्वरूप को भी रेखांकित

करता है जो इस भ्रामक संचार के दौर में अपनी सात्विकता खो रहा है। कवि ने पारंपरिक रूप-सौंदर्य और श्रृंगार के माध्यम से यह दर्शाने का प्रयास किया है कि किस प्रकार कला की पावनता को आज के दौर में मात्र भौतिक आकर्षण और इंद्रिय-सुख तक सीमित कर दिया गया है। जब संचार के माध्यमों में नारी-देह और सौंदर्य का अति-व्यावसायीकरण होने लगता है, तो वह समाज के नैतिक पतन को और तीव्र कर देता है। कवि इन रचनाओं के माध्यम से कला, कविता और सौंदर्य के उस वास्तविक मर्म को पुनर्स्थापित करने की व्याकुलता प्रकट करता है, जो आज के शोर में कहीं कुंठित हो गई है।

परंतु, कवि का यह दृष्टिकोण केवल तकनीक या कला का विरोध करना नहीं है, बल्कि उसके पीछे छिपे उस विनाशकारी प्रभाव से समाज को सचेत करना है जो हमारी मानवीय संवेदनाओं को मृत कर रहा है। इन छंदों में निहित आत्म-पीड़ा पाठक को विवश करती है कि वह इस आभासी संसार की निरर्थकता को समझे। कवि स्वयं इन भ्रामक माध्यमों से दूरी बनाने और प्रभु-महिमा व राष्ट्र के वीरों के गौरव-गान की ओर मुड़ने का जो संकल्प लेता है, वह समाज के लिए एक मार्गदर्शक की भाँति है।

यह पटल आज के दिग्भ्रमित मनुष्य को उसके वास्तविक कर्तव्य का स्मरण कराने वाला एक अत्यंत प्रौढ़ प्रयास है। कवि ने अपनी ओजस्वी और सूक्ष्म दृष्टि से उन भ्रामक प्रवृत्तियों को झकझोरा है, जो नई पीढ़ी के आचरण को दूषित कर रही हैं। उन्माद के इस दौर में सात्विक अभिव्यक्ति, मर्यादा और स्वस्थ संवाद की आवश्यकता को प्रतिपादित करता यह पटल, अंततः प्रत्येक पाठक को आत्म-मंथन की ओर ले जाता है ताकि वह इस विकृत संचार के कोहरे को चीरकर सत्य और शाश्वत मूल्यों के प्रकाश को पहचान सके।

चतुर्थ पटल

(घनाक्षरी छंद)

1

विकृत मानसिकता

आधी-बात से ही जो समझ लेगा सारा-अर्थ,
उसको परम-विद्यावान माना जायेगा।
खोलेगा जो मुँह धर्म-संस्कृति के विरुद्ध,
अब तो वही यहाँ महान माना जायेगा।
करेगा जो अपमान संत सज्जनों का नित,
ऐसा-व्यक्ति ज्ञानी-गुणवान माना जायेगा।
ऐसी है विडम्बना समाज में हमारे अब,
अंधकार को ही अंशुमान माना जायेगा।

2
कवि की कविता से अनुराग

कवि से भले ही बैर ठान लूँ स्वभाव-वश,
कविता से उसकी सनेह नहीं तोड़ूँगा।
करूँगा प्रशंसा दिल-खोलकर बार-बार,
उसकी-तरफ से कभी न मुख-मोड़ूँगा।
किसी ने निकाली उसमें अगर मीन-मेष,
उसको तो दूर-दूर तक नहीं छोड़ूँगा।
प्रतिदिन उस पे करूँगा व्यंग जोर-दार,
और उसको लड़ाकू-कवियों से जोड़ूँगा।

3
कीजिये विरोध किन्तु

कीजिये, विरोध करने से रोकता है कौन,
इसके लिये तो मिल-संग-आना चाहिये।
अपशब्द-बोलना उचित है नहीं कदापि,
इसके लिये सही-प्रसंग आना चाहिये।
इससे तो आपको भी झेलना-पड़ेगा दंश,
लेके नहीं ऐसी-हुड़दंग आना चाहिये।
बुद्धि व विवेक उपयोगी हैं यहाँ विशेष,
राजनीति करने का ढंग आना चाहिये।

4
टेलीविजन चैनलों की लीला

चैनलों पे चलती है चिल्लपोंय-चाँय-चाँय,
एक-दूसरे पे बस छींटा-कसी होती है।
दूर-देश-वाले जब देखते हैं ऐसे-दृश्य,
सोचिये वहाँ पे अपनी ही हँसी होती है।
देश-हित वाली नहीं होती कभी कोई बात,
एक-दूसरे के प्रति घृणा बसी होती है।
कोई चींखती है कोई करता है काँय काँय,
जाने कहाँ इनकी सुमति फँसी होती है।

5
कितना भी रखिये

कितना भी रखिये सजगता से प्रति-पग,
कुछ इसमें भी दोष ढूँढने में दृढ़ हैं।
बड़ी-बुद्धिमत्ता से वो करते हैं व्यक्त-भाव,
सब के समक्ष रखते भी गढ़-गढ़ हैं।
इनमें बड़े-बड़े महानुभाव देखे गये,
ऐसे यहाँ एक-दूसरे से बढ़-बढ़ हैं।
प्रेम से जो अंगीकार करने में हैं समर्थ,
इन सब में तो सही पूँछो अनपढ़ हैं।

6

अटपटा छंद का

कंचन की करधनी काटे कामिनी की कटि,
कोमल-कर-कमल कंकण-कठोर है।
कुच-कसे-कंचुकी की क्रीड़ा-करनी-कठिन,
कुंतल-ककुभ की कचोट कोर-कोर है।
क्लेशकारी-कुंडलों की कुंडली कटाये-कर्ण,
कलित-कपोल-कली कुसुम-करोर है।
कवि कहाँ कैसे करे कविता कला के कृत्य,
कौतुक-क्वचित कंठ-कुंठित-किशोर है।

7

फेसबुक के प्रति

मुखपोथी से मैं कुछ-कुछ हो गया हूँ दूर,
इस पर आने का प्रयास कम हो गया।
पहले के जैसा अब नहीं रहा अनुराग,
आधे से अधिक अब वो ख़तम हो गया।
राम-अनुरागियों के लिये रचता हूँ छंद,
ऐसा ही ये प्रतिदिन का नियम हो गया।
लिखने को देश-वीर-प्रभु-महिमा-विशेष,
यही मेरा-करम यही धरम हो गया।

8

मनीषा और मधुमालती पर छंद

मेदिनी-मुकुल-मेघ मंडली-महान मध्य,
मिहिर-मयंक में महा-मयूख डालती।
मनुज-महामहीप मुखिया-महंतमणि,
मुनि-मन-मोहिनी महान-मंत्र घालती।
माधुरी-मनीषा मुस्कान-मृदु-मंद-मंद,
मधुर-मधुर मोद-मोदक उछालती।
मादक-मरोड़ मन-मानस मथे-महत,
मुदित मदन-मार मारे मधुमालती।

9

संयोग श्रृंगार का साधारण सृजन

सुमुखि-सलोनी-सुकुमारी सपने-संजोये,
सुंदर सटाये-शीश सुख से सजन में।
सुमनों से सज्जित सुवासित-सुभग-सेज,
शान्ति से है सोई सुखदायक-सदन में।
शीतल-सुगंधित-समीर सानुकूल-शुद्ध,
सरसाये शर्वरी-सुललिता-सघन में।
शुक-सारिका सुनायें सुगम-सुबोध-स्वर,
सुधासिंधु-स्रोत सा समाये श्रवनन में।

10

बात का बतंगड़

किस के बहाने किसे बोलने लगे हैं बोल,
कहीं का प्रसंग कहीं और जोड़ देते हैं।
कहीं कुछ हुआ तो बड़े विशेष-ढंग से वो,
एक ही तरफ वही बात मोड़ देते हैं।
कहने में कतई झिझकते नहीं हैं कभी,
बोलने की सारी मर्यादा तोड़ देते हैं।
भारत के हित हेतु बोलते नहीं जो बोल,
ऐसे बकवादियों को चलो छोड़ देते हैं।

11

संतों के विरुद्ध बोलने वालों पर

संत को पाखंडी बोल रही कैसे बार-बार,
अपना चरित्र तार-तार कर सीती है।
शिशुपाल-जैसे बोलती रहेगी यदि बोल,
इस-पर बीतेगी जो उस-पर बीती है।
जाने कैसे-संस्कार में पली-बढ़ी है यह,
जाने कैसा-खाती और जाने कैसा-पीती है।
कहती है धर्म के विरूद्ध करने को कृत्य,
अरे ! किस दुनिया में दानवी ये जीती है।

12

मोबाइल फोन

उपयोगी है परंतु हानिकर भी है अति,
चसका-मोबाइल का जानकर चलना।
करना सदैव सावधानी से सदा प्रयोग,
मेरी यह-बात बंधु मानकर चलना।
शिशुओं को कभी इसे देना-मत भूलकर,
दृढ़ता से मन में ये ठान कर चलना।
वरना खराब कर देगा तन-मन-दृग,
इससे सभी-को सावधान कर चलना।

13

प्रयाग पर प्रपंच

पावन-प्रयाग की है महिमा महान-अति,
विविध-पुराणों ने सुसत्य यह टेरा है।
विवुध-विशेष ब्रह्मा-हरि व महेशजी का,
लगता ही रहता सदैव शुभ-फेरा है।
करने से यहाँ स्नान-जप-तप-ध्यान,
पुण्य प्राप्त होता नित परम-घनेरा है।
किन्तु करने को कलुषित ये पवित्र-थल,
कुछ-ढोंगियों ने यहाँ डाल रखा डेरा है।

14

प्रयाग पर प्रपंच

जिसे देखो डाल रहा ऐसे ही विचित्र-चित्र,
और नहीं कुछ देखता वो घूम-घूम है।
कोई पढ़-पढ़ कर और देख-देख इन्हें,
लिख रहा कोई लेखनी को चूम-चूम है।
कमनीय-कामिनीं बनीं प्रयाग का विषय,
रस ले रहा रसिक-जन झूम-झूम है।
देखने को शेष अब कुछ न रहा विशेष,
कहीं-केश कहीं-लोचनों की धूम-धूम है।

15

प्रयाग पर प्रपंच

संगम का पावन-विहंगम-सुदृश्य छोड़,
मानस को मोड़-कर और-किसी-ओर ही।
संयम व साधना की सीमा-शुचि भंग कर,
तोड़ डाली भक्ति-भावना की दृढ़-डोर ही।
मानव के मति की ये गति करती व्यथित,
बार-बार उर को रही है झकझोर ही।
धर्म की धरा पै हुई धारणा-धरमहीन,
नयनों में छाये नारि-नयनों के कोर ही।

16

प्रयाग पर प्रपंच

कहाँ-कहाँ मानस हिलोरें देखो लेने-लगा,
छोड़ शुचि-गंगा और यमुना की धार को।
प्रतिकूल चलने लगा ये चाल संगम में,
कैसा परिवर्तित किया है व्यवहार को।
पावन -पुरी में अनदेखा कैसे कर दिया,
साधु-संत सज्जनों के सुंदर-विचार को।
नयनों की मिथ्या-परिकल्पना में गया-झूल,
भूल-गया गरिमा-प्रयाग-की अपार को।

17

प्रयाग पर प्रपंच

पावन-प्रयाग में न पा सका पवित्र-पथ,
बीज बो गया है कैसा परम -प्रपंच का।
हेर-हेर नारि-नयनों का हो गया अहेर,
लाभ न उठाया धर्मधारियों के मंच का।
विचर रहा है करने को बस यही-कृत्य,
ऐसा-समुदाय मात्र जन-सप्त-पंच का।
श्रेय से विहीन रह प्रेय में हुआ आसक्त,
पाया न प्रसाद यहाँ प्रभु-भक्ति-रंच का।

18

प्रयाग पर प्रपंच

पावन-प्रयाग से रहा न अनुराग-रंच,
किसके विवेक का है रवि अस्त हो गया।
रच दिया विकट-प्रपंच कैसा इस पर,
बालिका का हृदय अतीव-त्रस्त हो गया।
तज ये-त्रिवेणी किस-श्रेणी में गया-पहुँच,
कैसे-कैसे-दृश्य देखने में मस्त हो गया।
आया था प्रकाश पाने पावन-प्रयाग-पर,
पर अंधकार से है देखो ग्रस्त हो गया।

पंचम पटल

(परम शांति एवं अध्यात्म के स्वर)

कुल छंद [22]

परिचय

संसार की समस्त चेष्टाओं, संघर्षों, विसंगतियों और भटकाव के कोलाहल से गुजरने के पश्चात मानव आत्मा अंततः जिस परम आश्रय की खोज करती है, वह केवल और केवल आंतरिक शांति है। जब मनुष्य संसार की नश्वरता और उसके भौतिक आकर्षणों के खोखलेपन को पहचान लेता है, तब उसके भीतर सत्य को जानने की एक व्याकुलता जागृत होती है। यह अंतिम पटल—'परम शांति और आत्मबोध के स्वर'—सांसारिक द्वंद्वों से परे, मनुष्य की अंतश्चेतना को जगाने वाली, ईश्वर-अनुराग और आत्मिक विश्रांति की एक अत्यंत पावन काव्यात्मक परिणति है।

इस पटल में संग्रहीत छंद कवि की उस उच्च आध्यात्मिक अवस्था और प्रौढ़ वैचारिक यात्रा के प्रतिफल हैं, जहाँ संसार के सारे वाद-विवाद शांत हो जाते हैं। कवि यहाँ जीवन के गूढ़ रहस्यों को अत्यंत सहजता से सुलझाते हुए पाठक को आत्ममंथन की एक ऐसी यात्रा पर ले जाता है, जहाँ 'प्यार' के सांसारिक लेन-देन और अहंकार के मुकाबले 'प्रेम' का निश्छल, त्यागमय और शांत स्वरूप प्रकट होता है। यह पटल यह बोध कराता है कि जब तक मनुष्य के भीतर से 'मैं' और 'मेरा' का भाव समाप्त नहीं होता, तब तक वह परम सत्ता के आनंद से वंचित रहता है। कवि ने अपनी लेखनी से उस सात्विक ताप को शब्दों में ढाला है, जो आत्मा को शुद्ध कर उसे परमात्मा के सम्मुख समर्पित कर देता है।

कवि का संवेदनशील मन यहाँ समस्त सांसारिक मोह-माया, राग-द्वेष और वासना के जालों को छिन्न-भिन्न कर प्रभु की अनन्य भक्ति में लीन दिखाई देता है।

राम-प्रेम की जो अलख कवि ने अपने जीवन में जगाई है, वही पावन ज्योति इन छंदों के माध्यम से पाठकों के हृदय में भी प्रज्वलित होती है। इन पंक्तियों में निहित मौन और धैर्य संसार के हर क्रोध, क्लेश और ताप को शांत करने की सामर्थ्य रखते हैं। यह पटल स्पष्ट करता है कि संसार में जहाँ हर ओर केवल लेने की और पाने की अंधी होड़ मची है, वहीं आध्यात्मिक मार्ग में सर्वस्व अर्पण कर देने का ही परम प्रताप है।

तथापि, इस पटल का मूल उद्देश्य संसार से विमुख होना या पलायन करना नहीं है, वरन संसार में रहते हुए भी जल में कमल की भाँति निर्लिप्त रहने की कला सिखाना है। इन छंदों का गंभीर स्वर पाठक के अशांत और भटकते हुए मन को एक दिव्य संबल प्रदान करता है। जब मनुष्य इस पटल की गहराइयों में उतरता है, तो उसे यह भली-भाँति आभास हो जाता है कि इस चराचर जगत में ईश्वर की भक्ति और अपनी मूल सात्विक चेतना की पहचान ही एकमात्र शाश्वत सत्य है, बाकी सब क्षणभंगुर और नश्वर परछाइयाँ हैं।

यह पटल इस संपूर्ण ग्रंथ की वैचारिक यात्रा का शिखर है, जो समाज को व्याकुलता से मुक्ति की ओर ले जाता है। कवि ने अपनी परम शांत और अध्यात्म-रंजित वाणी से उन शाश्वत सत्यों को प्रतिपादित किया है, जो युगों-युगों से मानवता का कल्याण करते आए हैं। आत्मिक शांति और प्रभु-चरणों में अनन्य अनुराग का मार्ग प्रशस्त करता यह पटल, अंततः प्रत्येक मनुष्य को जीवन के अंतिम लक्ष्य अर्थात् मोक्ष और आत्मबोध की ओर अग्रसर करता है। यह एक परम पावन आह्वान है—अपने भीतर के मौन को सुनने का, ताकि जीवन का प्रत्येक क्षण आनंद और शांति के महासागर में विलीन हो सके।

पंचम पटल

(घनाक्षरी छंद)

1

शिवजी से विनय

दुनिया के दृश्य देख-देख है व्यथित-उर,
चारों ओर मच रही चीख व पुकार है।
छोटी-मोटी अर्थहीन-बातों पर प्रतिदिन,
आपस में घमासान और हा हा कार है।
टूट-रहे-घर फूट-रहे-परिवार आज,
वसुधा में विघटन-विविध-प्रकार है।
आशुतोष-नीलकंठ-शिव कर दो शमन,
मानव में उपजा जो विकट-विकार है।

2

परम शांति की विधि

उर हो अशांत कभी, रहो कुछ-पल मौन,
इधर-उधर के विचार छोड़-दीजिये।
जाइये एकांत बैठ प्रभु को झुका के शीश,
मानस को अपने उन्हीं से जोड़-दीजिये।
हरि-नाम जपिये सहस्त्र-बार बन्धुवर,
चेतना को अपनी इसी में मोड़-दीजिये।
इससे सरल और नहीं है उपाय-अन्य,
इस-भाँति व्यग्रता का जाल तोड़-दीजिये।

3

जय शिव शंकर

एक आशुतोष की शरण छोड़ प्रतिपल,
जिसके न अर्चना की दूसरी-विधा रही।
तन-मन से जो भजता है शिवजी को नित,
जीवन में उसके कभी न दुविधा रही।
वसुधा में भक्ति-सुधा-रस उपभोग कर,
वही है विभूति शिवलोक को सिधा रही।
इस-लोक उस-लोक देव-लोक शिव-लोक,
हरि-हर-लोक उसको ही सुविधा रही।

4

ॐ नमः शिवाय

भक्ति-भरे-आचरण से किया वरण-शुचि,
जिसने भी परम-चरण-आसुतोष के।
उसका न कर पाये परस विकार-पुंज,
पातक-समूह वृंद-ताप-रोग-दोष के।
मुद-मोद उसका तो छोड़ते नहीं हैं संग,
रहते हैं प्रति-पल प्रेम-परितोष के।
उसी के लिये ही खुले रहते हैं दिव्य-पट,
विद्या-बल-बुद्धि-ज्ञान व विविध-कोष के।

5

ॐ नीलकण्ठाय नमः

कटते हैं काल के कराल-पाश पल में ही,
छँटते हैं मेघ छाये-हुये दुख-द्वंद के।
घटते हैं कुविचार-पातक-समूह-सर्व,
खुलते हैं ज्ञान-वाले-पट मतिमंद के।
मिटते हैं अंकित-कुअंक भाल के समस्त,
मिलते हैं वर रिद्धि-सिद्धियों के वृंद के।
जो भी जपता है शतनाम-सुखदाई-नित,
भोलेनाथ-शिव नीलकंठ-सुखकंद के।

6
हरि-हर की महिमा लिखने वालों के लिये

आप पर बरसे-सतत हरि-हर-कृपा,
मिलें वरदान दिव्य-शक्तियों की ओर से।
सुनने के लिये ऐसे भक्ति-रस-भरे-गान,
आते हैं विविध-देव सभी-ओर-छोर से।
दिव्य-लोक तज चले आते हैं सनन्दनादि,
सुन-सुन होते सब भाव में विभोर से।
लिखते ही रहिये अंनत-काल-तक आप,
राम-महिमा के प्रिय-छंद जोर-शोर से।

7
सामाजिक विडम्बना

प्रेरणा व ज्ञान देना सब को नहीं उचित,
जीवन में भली-भाँति यह याद रखना।
अपने-पतन पै उतारू हो गया हो जो भी,
मत उसके-पतन का विषाद रखना।
दुष्टता से युक्त देख उसके निकृष्ट-कर्म,
उर में कभी भी अवसाद मत रखना।
त्याग देना उसे श्वान और सूकरों की भाँति,
इसमें न किंचित कभी प्रमाद रखना।

8

जय भारत

विनय यही है हर-भाई हर-बहन व,
हर-व्यक्ति नर-नारी और हर-मित्र से।
बनिये विशेष-ज्ञानी-गुणी और बुद्धिमान,
रहिये सदैव शुद्ध-पावन-पवित्र से।
कीजिये न अपने को संस्कार से विहीन,
भारत का गौरव बढ़ाइये चरित्र से।
सभी को स्वतंत्रता दिवस की बधाई बंधु,
रहे अनुराग नित भारत-विचित्र से।

9

सदग्रंथ विरोधी पर

पढ़ सदग्रंथ कर आचरण भी पुनीत,
कौन है तुझे महान बनने से रोकता।
अपनी भी क्षमता दिखा दे विद्यावान बन,
ऐसा करने में तुझे कोई नहीं टोकता।
नीचता को छोड़, धर यश का किरीट शीश,
कब-तक बैनों के रहेगा तीर भोंकता।
अपने ही पैर में कुठार मारता है मूढ़,
अपनी ही आँखों में स्वयं धूल झोंकता।

10

प्रकृति का प्रकोप

प्रकृति-प्रकोप है प्रचंड पृथ्वी पै पड़ा,
प्रलय सी आई मचा महा-हाहाकार है।
जहाँ पर होना चाहिये निवास ऋषियों का,
वहाँ-पर बढ़-रहा मानवी-विकार है।
दिव्य-धाम में तपस्या करने का है विधान,
किंतु वहाँ होता पाप विविध-प्रकार है।
उठो-जागो-समझो संभल-जाओ बन्धुवर,
दैवी-शक्तियों को ऐसा नहीं स्वीकार है।

11

विद्वान की विशेषता

भले कोई कितना हो जग में विशिष्ट किंतु,
शिष्टता में भी तो उसे ध्यान देना चाहिये।
गरिमा को अपनी बनाये रखे साथ-साथ,
दूसरों को भी सदैव मान देना चाहिये।
प्रथम कसौटी पे जो उतरे खरा स्वयम्,
तब दूसरों को उसे ज्ञान देना चाहिये।
विद्यावान को तो दम्भ त्याग कर विधिवत,
विद्या का विनम्रता से दान देना चाहिये।

12

दोनों संत महान हैं किन्तु

दोनों हैं सनातन के दृढ़तम-प्रतिमान,
इसमें तनिक-नहीं कोई-संदेह है।
दोनों हैं महान-संत निज-साधना में रत,
दोनों का हृदय परमात्मा का गेह है।
दोनों शुभचिंतक हैं जन-जन के विशेष,
भारत से दोनों को ही परम-सनेह है।
किन्तु एक में झलकने लगा है दम्भ-कुछ,
दूसरे से झरता विनम्रता का मेह है।

13

दम्भ पतन की ओर ले जाता है

धन-विद्या-बल का घमंड चढ़ता है जब,
कोई-हो पतन-की-ही-ओर चला-जाता है।
दम्भ-वश उसको समझ-नहीं-आता-कुछ,
अपने-ही-आप से स्वयम् छला-जाता है।
आसपास-आपके अवश्य होगा ऐसा-एक,
देखना वो बिना ही जलाये जला-जाता है।
उसको सहन-होता-नहीं ऐसा-कोई-व्यक्ति,
जो-भी उसके-समक्ष फूला-फला जाता है।

14
विशेष विचार

ऐसे किसी-के-विरुद्ध लिखना नहीं-उचित,
अन्यथा स्वयम्-की-ही-साख घट-जाती है।
उठ जाता है नया-विवाद अनायास और,
अपनों से अपनी-ही-डोर कट-जाती है।
श्रोता-गणों में भी मचती हैं खलबली-घोर,
पाठकों की मंडली सहज-बँट-जाती है।
पक्ष व विपक्ष से भी उठते हैं प्रश्न-दृढ़,
फूटता-है-शीश और छाती फट-जाती है।

15
ऊँचा पद पाने के लिये...

भरा-रहता है गालियों से जिनका सुकंठ,
उन्हें कामना है यदि बड़े-ऊँचे-पद की।
उनको प्रथम यह लेना-चाहिए-समझ,
वाणी यहाँ भरी होनी चाहिए शहद की।
बिना ये विनम्रता के मिलते नहीं हैं पद,
पड़ती हैं काटनी जड़ें-घमंड-मद की।
अपनाने-पड़ते हैं सभ्यता के भी उसूल,
गरिमा-बढ़ाने-हेतु बन्धु निज-कद की।

16
ऐसे नहीं मिलते हैं

ऐसे नहीं मिलते हैं ऊँचे-ऊँचे पद कभी,
तप में स्वयम् को तपाना-पड़ता है जी।
त्याग-कर अपना-घमंड हर-हाल पर,
दुख में भी सदा मुस्काना पड़ता है जी।
अलख-जगानी-पड़ती है देशभक्ति-भरी,
सबका परम-प्रेम पाना-पड़ता है जी।
ध्यान देना पड़ता है जन-जन का सदैव,
अपने को यहाँ भूल-जाना-पड़ता है जी।

17
इनसे बचो

दिख-जायें जाहिल जो करते-हुये-बहस,
वहाँ-पर बस चुप-रहना उचित है।
कुछ बोलने का कभी करना प्रयास मत,
इसी में समझदारी और बड़ा-हित है।
आपकी न मानेंगे वो कोई बात भूलकर,
इनकी न शुचि-मति है न शुद्ध-चित है।
हो सके तो दूर से निकल-जाओ बचकर,
पास इनके जो गया हुआ वो व्यथित है।

18

विद्यावान की विशेषता

विद्यावान आपस-में करते-नहीं-विवाद,
एक-दूसरे-को सुनते हैं बड़े-ध्यान से।
कहते हैं बड़ी ही विनम्रता से हर-बात,
रहते हैं वो सदैव-दूर अभिमान से।
देखते हैं स्वयम् के त्रुटि और दोष नित्य,
करते हैं ध्वस्त उन्हें विद्या-बुद्धि-ज्ञान से।
करते नहीं है कभी मूढ़ता-भरे-कुतर्क,
रखते हैं तथ्य सदा प्रबल-प्रमान से।

19

अभिमान

कवि में कभी भी अभिमान नहीं आता रंच,
विद्यावान बड़ी ही विनम्रता दिखाता है।
बलवान बल का न करता है कुप्रयोग,
धनवान धरती को सुखद बनाता है।
साधना व समता में रमता है सदा संत,
परहित में सदैव चित को लगाता है।
दूसरों के काज में अड़ाता है जो निज-टाँग,
छल-छद्म में निपुण दुष्ट कहलाता है।

20

जय भारत जय भारती

बनें पर-हितकारी रहें नित-अविकारी,
बाल-वृद्ध नर-नारी बुद्धि में महान हों।
सभी मिल आगे बढ़ें प्रगति के पथ चढ़ें,
नव इतिहास गढ़ें गुणों में प्रधान हों।
जप-तप-साधना के ईश्वर-आराधना के,
जन-जन राधना के शुचि-गीत-गान हों।
भारत व भारती के स्वर गूँजे आरती के,
देवापगा तारती के, दिव्य-जलपान हों।

21

प्रेम और प्यार में अंतर

'प्यार' ने खड़ा किया विवाद प्रेम के विरुद्ध
'प्यार' बोला खूब किन्तु 'प्रेम' चुपचाप था।
'प्यार' ने गिनाया सब अपना-कराया-किया,
किन्तु 'प्रेम' का न इसमें कोई-प्रलाप था।
क्रुद्ध हो के 'प्यार' लगा बोलने-कठोर-और,
फिर भी न 'प्रेम' में तनिक-कोई-ताप था।
सत्य है ये 'प्यार' रखता है लेने का भी भाव,
'प्रेम' में तो सदा से ही देने का प्रताप था।

22

सहयोग की शिक्षा

बड़े-बड़े चले-गये छोड़ धन-धरा-धाम,
कौन लेके-गया-साथ कृपया बखानिये।
रखिये न अपने-पड़ोसियों-से बैर-भाव,
उनको सदैव परिवार-जैसा मानिये।
अतिथि का सत्कार करने से चूकिये न,
भूलकर किसी-को-भी तुच्छ मत जानिये।
जीवन को उत्तम-बनाने का करो-प्रयास,
सत-कर्म सहयोग-करने की ठानिये।

छंद सूची

ऐ

क

ख

ग

घ

च

छ

ज

द

ध

प

फ

ब

भ

म

य

र

ल

व

श

स

ह

॥ अंतर्दृष्टि ॥

"परिवेश के द्वंद्वों से गुज़रकर, विसंगतियों को सहकर और यथार्थ के कड़वे घूँट पीकर ही चेतना परिपक्व होती है। संसार का कोलाहल चाहे जितना तीव्र हो, आत्मा का अंतिम गंतव्य केवल और केवल वही शाश्वत मौन है, जहाँ पहुँचकर सारे प्रश्न, सारे वाद और सारे विवाद विलीन हो जाते हैं। यथार्थ को स्वीकार कर लेना ही आत्मबोध की ओर बढ़ने वाला पहला कदम है।"

— ठाकुर प्रसाद द्विवेदी

उपसंहार

सृजन की यह यात्रा जब अपने अंतिम पड़ाव पर पहुँचती है, तब एक रचनाकार के रूप में मेरा अंतस संतोष और कृतज्ञता के भाव से भर जाता है। 'यथार्थ के स्वर' मेरे जीवन के अनुभवों, सामाजिक सरोकारों और समकालीन परिवेश को देखकर उपजी आंतरिक पीड़ा की एक सहज अभिव्यक्ति है। इस पुस्तक की रचना के मूल में समाज के प्रति मेरी गहरी चिंता और लोक-कल्याण की तीव्र आकांक्षा रही है।

इस काव्यात्मक यात्रा को पाँच पटलों में विभाजित करते समय मेरा प्रयास यही था कि मैं जीवन के विविध पक्षों को पूरी प्रामाणिकता के साथ आपके सम्मुख रख सकूँ। प्रथम पटल में जहाँ मैंने अपनी आहत आस्था और बिखरते सांस्कृतिक मूल्यों की पीड़ा को स्वर दिया, वहीं आगे बढ़कर समाज को खोखला करने वाले दुर्व्यसनों और दहेज जैसी दंशकारी कुप्रथाओं के भयंकर यथार्थ को भी पूरी प्रखरता से उघाड़ा। समकालीन परिवेश में नीति और अनीति के सूक्ष्म द्वंद्व को रेखांकित करते हुए मैंने यह दिखाने का प्रयास किया कि किस प्रकार आज का मानव 'अर्थ' (भौतिक लिप्सा) की अंधी दौड़ में अपनी सात्विक पहचान खोता जा रहा है। आधुनिक युग में मोबाइल और भ्रामक संचार माध्यमों ने मानव मस्तिष्क को जिस प्रकार अपने सम्मोहन में जकड़ कर संबंधों को संदर्भों से काटा है, उस विकृति के प्रति भी मैंने समाज को अपनी लेखनी के माध्यम से सजग करने का एक विनम्र प्रयास किया है।

परंतु, इन विसंगतियों और तिमिर के चित्रों को दिखाना मेरा अंतिम ध्येय कभी नहीं था। अंधकार की भयावहता को रेखांकित करने के पीछे मेरी व्याकुलता सदैव उस परम प्रकाश की खोज रही है, जो अंततः पाँचवें पटल में 'परम शांति और आत्मबोध' के रूप में प्रकट होती है। संसार के सारे कोलाहल, वाद-विवाद और स्वार्थ-प्रेरित 'प्यार' के लेन-देन से मुक्त होकर, हमारी आत्मा जब प्रभु-चरणों के निश्छल 'प्रेम' और मौन में विश्राम पाती है, वहीं मेरे इस संपूर्ण पुरुषार्थ की सार्थकता सिद्ध होती है।

'यथार्थ के स्वर' के माध्यम से मेरा यह आकुल आह्वान है कि हम सभी अपने परिवेश की कुंठाओं से उबरकर पुनः अपनी सनातनी सात्विकता की ओर लौटें। एक कवि के रूप में मेरी यह स्पष्ट आकांक्षा है कि समाज का प्रत्येक वर्ग अपने भीतर के विकारों का परित्याग कर, विवेक और मर्यादा के पथ पर अग्रसर हो। यदि इन छंदों की गूँज आपके हृदय में लोक-मंगल, राष्ट्र-प्रेम और आत्मिक शुचिता की एक भी चिंगारी प्रज्वलित कर सकी, तो मैं अपने इस साहित्यिक प्रयास को पूर्ण और सफल मानूँगा।

सृजन के इन क्षणों में मुझे अनवरत ऊर्जा देने वाली उस परम सत्ता के प्रति नतमस्तक होते हुए, मैं इस कृति को आप जैसे सहृदय और विवेकशील पाठकों के कर-कमलों में सादर समर्पित करता हूँ।

ठाकुर प्रसाद द्विवेदी

समाप्त

www.ingramcontent.com/pod-product-compliance
Lightning Source LLC
LaVergne TN
LVHW100333210926
848480LV00003B/1324